AF372023

ÚRSULA PERONA

Guía para una ADOLESCENCIA EXTRAORDINARIA

*Acompaña a tu hijo de alta demanda
desde una crianza respetuosa*

TOROMÍTICO

EDICIONES TOROMÍTICO
Colección Padres y educadores

Director editorial: Óscar Córdoba

www.toromitico.com
Síguenos en @toromiticolibros

pedidos@almuzaralibros.com - info@almuzaralibros.com
Parque Logístico de Córdoba. Ctra. Palma del Río, km 4
C/8, Nave L2, nº 3, 14005, Córdoba.

Imprime: Liberdúplex
ISBN: 978-84-19962-39-3
Depósito Legal: CO-800-2025
Hecho e impreso en España - *Made and printed in Spain*

*Para Laura, mi tata. Por ser
la hermana que nunca tuve y
cuidarme y quererme tanto.*

*Para Luis, por descubrirme
el amor de nuevo.*

CAPÍTULO 1

INTRODUCCIÓN: LOS MEJORES AÑOS DE NUESTRA VIDA

Para que este libro te sea útil de verdad, vas a tener que trabajar un poco. Si ha llegado a tus manos, probablemente es porque estás atravesando la adolescencia de tu hija o hijo y te encuentras abrumado. Es posible que te invada una mezcla de sensaciones: cansancio, enfado, impotencia y desorientación. A la vez, lo quieres profundamente y sufres por esa desconexión que sientes. Puede que también estés triste porque a veces parece que tienes a un desconocido delante. A menudo sentirás frustración por las peleas constantes, los silencios dosificados y la sensación de que solo te busca cuando necesita algo. Soledad porque no muestra ningún interés en ti y las muestras de afecto son escasas o incluso inexistentes. ¡Bienvenido! Solo eres una madre o un padre tan perdido como la mayoría lo estamos cuando llega esta etapa. Porque la adolescencia supone un reto para la crianza increíble, y no nos engañemos, llega cuando ya estamos un poco cansados...

Decía Carles Capdevila, escritor y divulgador sobre crianza (que, lamentablemente, nos dejó de forma prematura hace unos años), que los padres ponemos muchísima energía los primeros años de crianza y, cuando llega la etapa escolar, ya casi agotadas nuestras fuerzas, nos «echamos una siesta educativa». Son un poco más independientes, y volvemos a recuperar un poco nuestra vida…, hasta que despertamos de esa siesta y ¡bum!, nos encontramos de repente en la adolescencia.

Si además tu hijo es de alta demanda, el reto se multiplica. Un niño que fue intenso, hipersensible, con un temperamento fuerte, muy enérgico y movido, apasionado, perseverante…, cuando llega a la adolescencia sigue manteniendo algunos de esos rasgos.

Seguro que con el paso de los años has lidiado con una crianza que no ha sido fácil. Posiblemente, ha sido estresante, cansada y te ha llevado a límites de agotamiento físico y emocional que nunca habías podido imaginar. Puede que hayas vivido la incomprensión y el juicio por parte de otros padres o de familiares. ¿Te suena? Seguro que sí.

Pero también sé que tu hijo es un ser maravilloso, a menudo incomprendido, y que te ha llenado de amor, de risas y ocurrencias.

La preadolescencia y adolescencia no tienen por qué ser diferentes. Supondrán un desafío, pero si te lo propones, pueden ser también los mejores años de vuestra vida.

¿CUÁNDO EMPIEZA LA ADOLESCENCIA?

A los doce años se inicia la adolescencia como tal, pero entre los diez y los doce la preadolescencia aparece, y es normal empezar a ver cambios en tu niño o niña. Además, debido sobre todo a las redes sociales, están expuestos a contenidos adultos mucho antes, y empujados a formas de consumo inimaginables para esa edad. Es común ver a las niñas de diez u once años haciendo *skin care*, comprando productos de belleza o maquillaje, cuidando su cabello y haciendo bailes sensuales en Tik Tok. Esta exposición temprana al mundo adulto hace, a mi parecer, que se haya adelantado la adolescencia.

Antes de ponernos manos a la obra, me presentaré, ya que vamos a ser compañeros de viaje en esta travesía.

¿QUIÉN ES ÚRSULA PERONA?

Tengo cuarenta y seis años. Nací en Alicante en una familia compleja y desestructurada. Desde pequeña supe que era diferente al resto de niños, lo cual se confirmó con el tiempo: tenía alta capacidad intelectual. Hasta muchos años después no supe que también era una persona altamente sensible. Esas dos características me han ayudado a sobrevivir en un mundo incierto, hostil muchas veces, y a rehacerme una y otra vez.

Me he casado y divorciado dos veces. Fruto de mi segundo matrimonio nacieron mis tres hijos. El camino hacia la maternidad tampoco fue fácil, pues una endometriosis severa me provocó problemas de infertilidad y tuvimos que recurrir a la reproducción asistida.

Ellos son mi mayor fuente de felicidad, pero también de cansancio, preocupación y, por qué no decirlo claramente, de agotamiento.

Son también mis mejores maestros. Me han enseñado muchas cosas sobre mí misma, me han animado a ser mejor persona y a trabajar activamente para serlo. Cuando tienes una infancia como la mía, ser buen padre o madre se vuelve una tarea imperiosa, y a la vez difícil pues arrastras muchas carencias y heridas que, si no se sanan, proyectas en ellos.

Mi hija la pequeña me descubrió la alta demanda, término poco conocido que hace referencia a niños con un temperamento fuerte y unos rasgos de personalidad que suponen a menudo un verdadero reto para la crianza. Gracias a ella escribí mi primer libro: *Hijos de alta demanda*, publicado por el sello editorial

Toromítico. Después, le sucedió *El bebé de alta demanda*, editado por Pirámide. Ahora le toca el turno a la adolescencia.

Si hubiera podido, creo que hubiera estudiado Medicina, y muy posiblemente habría sido psiquiatra. Pero las circunstancias no me lo permitieron, así que opté por su hermana «menor» (o eso creía yo): la psicología.

Con el tiempo estoy más que feliz con esa decisión. La psicoterapia me encanta, y la posibilidad de ayudar a los demás me conecta con la espiritualidad y da un sentido profundo a mi vida. A menudo también es abrumador, pues es una gran responsabilidad.

Como madre he pasado por momentos de todo tipo: buenos, malos, épocas tranquilas y otras verdaderamente estresantes. En cada etapa del desarrollo de mis hijos afronté retos diferentes. Es una aventura que parece no tener fin. Y eso es bonito, pero también abrumador a veces.

Cuando mis hijos entraron a la adolescencia por algún motivo no sentí el miedo o la angustia que muchos padres me transmitían en consulta. Miedo a que se fueran «por el mal camino», a los conflictos inherentes a esta etapa, a que fracasaran en los estudios… Miedo a perderlos, o a no saber gestionar los retos que estos años ponen ante nosotros.

Porque yo había hecho ya mucha terapia, había trabajado mucho en mí misma, y me había formado. También tenía mucha experiencia trabajando con adolescentes, y conectaba muy bien con ellos. Por ello supongo que me sentía segura y confiada. Y también porque tenía clara una cosa: quería disfrutar la crianza y cuidar la relación con mis hijos por encima de todo.

Cuando me divorcié mis hijos mellizos tenían trece años y la pequeña ocho. Hubo tropiezos, ha habido dificultades, pero las he tratado de abordar lo mejor que he podido: pidiendo ayuda cuando la he necesitado, yendo yo a terapia o llevándolos a ellos cuando lo he considerado necesario, y estando lo más presente posible.

Ahora los mayores tienen diecisiete años. He aprendido muchas cosas en este tiempo: a quererlos tal y como son, lo importante que es confiar en ellos y transmitirles esa confianza (empoderarlos), el regalo que es ver las personas en las que se convierten. Y también he aprendido que todo lo que vale la pena requiere implicación. Si quieres ser un buen padre o madre, te lo tienes que currar. Si quieres tener una buena relación con tus hijos, te la tienes que trabajar. No hay otro camino, y gran parte de ese camino pasa por mirar hacia ti mismo.

Trataré de compartir contigo en este libro lo que he aprendido a lo largo de los años tanto en mi trabajo con adolescentes y familias como de mi experiencia como madre. Si algo de lo que escribo te aporta un poco de luz, tranquilidad o te permite disfrutar más tu crianza, me daré por satisfecha.

Feliz viaje.

«Cuando un padre o una madre decide trabajar en sí mismo, reescribe el futuro de sus hijos».

Como te decía, vas a tener que implicarte si quieres que la lectura de este libro marque realmente un antes y un después en la relación con tu hijo. Para empezar, quiero que hagas un ejercicio:

Quiero que tomes un rato antes de seguir leyendo para traer algunos recuerdos a tu memoria. Tendrás que cerrar los ojos, respirar tranquilamente, y bucear un poco en tus recuerdos. Haremos un *floatback* (flotar hacia atrás). Quiero que vayas a algún recuerdo de tus doce años, que te visualices a ti mismo: cómo eras físicamente, dónde vivías, a qué clase ibas… Cuando estés en ese punto, dejarás tu mente flotar, libre, por los años de la adolescencia.

Me gustaría que te visualices a ti misma a los trece, a los quince, a los diecisiete…, que recuerdes a tus amigos, las primeras salidas, el primer beso…

Tómate tu tiempo. Es un ejercicio para hacer sin prisa. Una vez hayas terminado, sigue leyendo.

Muy probablemente, al pensar en tu adolescencia, has sonreído sin darte cuenta. Presta atención a qué has sentido al recordarla: ¿alegría?, ¿añoranza?, ¿ilusión?... Presta atención a esas emociones…, siéntelas. Porque eso es lo que necesitas para empezar a cambiar la relación con tu hijo o hija, disfrutar su adolescencia, y acompañarlo de la mejor forma posible en esos años increíbles que son la adolescencia.

¿QUÉ APRENDERÁS?

Lo primero, a deshacerte de falsos mitos y expectativas poco realistas. La adolescencia no tiene por qué ser una etapa estresante y llena de conflictos. Te aseguro que, con los conocimientos adecuados y tu implicación, verás como puede convertirse en un viaje maravilloso.

Lo segundo, conocimientos que te ayuden a entender los cambios que conllevan estos años, a todos los niveles, y lo que ello implica. Eso te ayudará a entender mejor a tu hijo y a transitar con más tranquilidad la adolescencia, más aún cuando se trata de jóvenes complejos e intensos.

Por último, muchas ideas prácticas para abordar los diferentes retos que supone y afrontarlos con los recursos adecuados.

Confía en el proceso.

CAPÍTULO 2

ENTENDIENDO A LOS ADOLESCENTES DE ALTA DEMANDA

Un niño de alta demanda se convertirá en un adolescente de alta demanda. Pero, además, hay niños que no eran tan demandantes o intensos durante la etapa preescolar y escolar, y que revelan su verdadero temperamento al llegar a la adolescencia. O simplemente nos exigen tanto, nos demandan tanto, que suponen una exigencia enorme.

Lo que vamos a tratar en este libro sirve para cualquier adolescente, pero especialmente para aquellos de temperamento fuerte, intensos y sensibles.

Repasemos cuáles son las principales características de este tipo de temperamento.

CARACTERÍSTICAS PRINCIPALES

El término «alta demanda» fue popularizado por el pediatra estadounidense Dr. William Sears para describir a niños que, desde una edad temprana, requerían más atención, paciencia y energía por parte de sus cuidadores en comparación con otros niños. Estos rasgos, lejos de desaparecer, suelen intensificarse en la adolescencia debido a los cambios físicos, emocionales y sociales propios de esta etapa.

Desde una perspectiva psicológica, los adolescentes de alta demanda combinan características temperamentales innatas —como una alta sensibilidad emocional, una gran persistencia y niveles elevados de energía— con los desafíos típicos de la adolescencia, como la búsqueda de identidad y autonomía. Estos jóvenes tienden a experimentar el mundo con mayor intensidad y profundidad, lo que los hace únicos, pero también puede generar tensiones en sus relaciones familiares y sociales.

El temperamento, entendido como las características emocionales y de comportamiento con las que nacemos, tiene un componente genético significativo. Investigaciones como las de Rothbart y Bates (1998) han identificado dimensiones claves del temperamento, como la reactividad emocional y la autorregulación, que son especialmente relevantes en los adolescentes de alta demanda. Estas características no solo influyen en cómo responden al entorno, sino también en cómo manejan los cambios hormonales y sociales de la adolescencia.

La alta sensibilidad emocional, que es un rasgo común en adolescentes de alta demanda, está relacionada con una mayor actividad en el sistema nervioso central. Según estudios de Elaine Aron, estas personas procesan los estímulos externos con mayor profundidad, lo que puede explicar tanto su empatía como su tendencia a sentirse sobreestimulados o abrumados en situaciones sociales o de alta presión.

En resumen, un adolescente de alta demanda no es simplemente «difícil» o «caprichoso», sino que presenta un conjunto de rasgos temperamentales que lo hacen más sensible, intenso y reactivo frente al mundo. Comprender estas características y cómo interactúan con las exigencias de la adolescencia son claves para ofrecerles el apoyo que necesitan.

Algunos rasgos que son particularmente relevantes en los adolescentes de alta demanda:

- **Alta sensibilidad emocional:** Los adolescentes de alta demanda suelen tener una gran sensibilidad emocional, lo que significa que pueden reaccionar de manera intensa a los estímulos externos. Esto puede llevar a emociones fuertes y fluctuantes, desde la euforia hasta la tristeza profunda, a menudo en un corto periodo de tiempo. Esta sensibilidad también los hace especialmente empáticos y conscientes. Durante la adolescencia, la sensibilidad se acentúa debido a los cambios hormonales y al desarrollo de la corteza prefrontal, que aún no está completamente madura. Esta sensibilidad puede generar sobrecarga emocional, especialmente en entornos sociales o académicos muy exigentes.

- **Alta energía y actividad:** En la adolescencia este rasgo tan característico en los niños de alta demanda se atenúa en muchos casos. El exceso de actividad y movimiento ya no tiene por qué ser tan patente, pero la neurociencia ha identificado que los adolescentes con altos niveles de energía tienden a tener una mayor actividad en los circuitos dopaminérgicos, relacionados con la búsqueda de estímulos novedosos y gratificantes. Desde una perspectiva evolutiva, esta energía puede ser una ventaja adaptativa que impulsa la exploración y el aprendizaje. Sin embargo, la falta de actividades adecuadas puede llevarlos al aburrimiento, la irritabilidad o conductas desafiantes, por lo que necesitan entornos estimulantes y oportunidades de canalizar su energía de manera positiva.

- **Perfeccionismo y autoexigencia:** Muchos adolescentes de alta demanda tienen un fuerte sentido de perfeccionismo y se exigen mucho a sí mismos. Quieren hacerlo todo bien y pueden frustrarse fácilmente si no cumplen con sus propias expectativas. Este perfeccionismo puede llevar a altos niveles de estrés y ansiedad, y conllevar una baja autoestima, pues cuanto más elevadas son las expectativas sobre como deberían ser, más cuesta alcanzarlas.

Paul Hewitt y Gordon Flett diferencian entre el perfeccionismo adaptativo y el desadaptativo. En estos adolescentes, la autoexigencia extrema a menudo deriva en una visión rígida de sí mismos, donde solo se sienten valiosos si alcanzan sus metas más altas. Esta tendencia puede ser agravada por el temor al fracaso y la comparación social, especialmente en la era de las redes sociales. Para mitigar sus efectos, es fundamental enseñarles a enfocarse en el esfuerzo y el proceso, más que en los resultados finales.

- **Necesidad de atención y afecto:** Estos jóvenes necesitan una gran cantidad de atención y afecto por parte de sus padres y seres queridos. Pueden buscar constantemente la validación y el apoyo emocional, y sentirse desamparados o inseguros si no lo reciben. A menudo exigen mucha atención a sus amigos, les reprochan no estar bastante pendientes de ellos, o involucrarse en las primeras relaciones amorosas con mucha intensidad e incluso dependencia emocional.

- **Desarrollo de la identidad:** Durante la adolescencia se define la identidad. Esto incluye definir sus valores, creencias y metas. Los adolescentes de alta demanda, debido a su tendencia a la introspección y sensibilidad, pueden experimentar este proceso con mayor intensidad, buscando constantemente el sentido de quiénes son y cuál es su lugar en el mundo. Puede que se planteen muchas dudas existenciales, y que les cueste encontrar el sentido y propósito a su vida.

- **Necesidad de autonomía:** La búsqueda de autonomía es una característica central en la adolescencia. La teoría de la autodeterminación de Deci y Ryan subraya la importancia de satisfacer las necesidades de autonomía para un desarrollo saludable. En los adolescentes de alta demanda, esta necesidad se manifiesta con mayor fuerza, lo que puede dar lugar a conflictos con figuras de autoridad. Su temperamento fuerte y su capacidad para cuestionar normas y reglas son señales de un pensamiento crítico en desarrollo, pero también requieren de un enfoque parental flexible. Crear acuerdos y darles espacio para tomar decisiones les ayuda a desarrollar un sentido de responsabilidad mientras se respeta su necesidad de independencia.

- **Influencia del grupo de pares:** La influencia de los amigos y el deseo de pertenencia a un grupo son extremadamente importantes durante la adolescencia. Los adolescentes de alta demanda, con su sensibilidad y necesidad de aceptación, pueden ser más susceptibles a la presión de grupo, lo que puede afectar su autoestima y toma de decisiones.

- **Dependencia del adulto:** Pese a su temperamento fuerte y su deseo de independencia, son muy afectuosos. Necesitan mucho el apoyo de los padres, aunque no sepan a veces cómo expresarlo. Según la teoría sistémica, esta dependencia es parte de un ciclo normal en el que recurren a los padres como «correguladores» de sus emociones.

«Soy la madre de un adolescente de alta demanda y, aunque lo quiero con todo mi ser, hay días en los que siento que apenas puedo respirar. Mi hijo no es "difícil", como algunos podrían llamarlo; simplemente vive la vida en un nivel de intensidad que, a veces, resulta abrumador. Todo lo siente más, lo necesita más, lo exige más. Y yo, como su madre, estoy constantemente intentando encontrar el equilibrio entre atender sus necesidades y no perderme a mí misma en el camino.

Hay momentos en los que me siento agotada, emocional y físicamente. Sus cambios de humor pueden ser un torbellino. Un minuto está feliz, emocionado, lleno de ideas; y al siguiente, cualquier pequeño contratiempo lo hunde. A veces me pregunto cómo algo tan pequeño puede desencadenar una explosión de emociones tan grande. Es como si camináramos constantemente sobre un campo minado emocional, intentando no activar algo que lo haga estallar.

Por ejemplo, ayer olvidé lavar su camiseta favorita, la que usa para entrenar fútbol. Cuando se dio cuenta, el mundo parecía venirse abajo. Se encerró en su habitación, enfadado conmigo y con el universo. Intenté explicarle que no había sido mi intención, pero no estaba dispuesto a escuchar. Me quedé sentada fuera de su puerta, sintiéndome una mala madre y a la vez frustrada y enfadada con él por su falta de empatía y las malas formas con que me habló.

El temperamento de mi hijo también ha puesto a prueba mi paciencia de formas que nunca imaginé. Su energía parece inagotable, y su insistencia en hacer las cosas a su manera puede ser desafiante, por decir lo menos. Las discusiones se vuelven inevitables porque, para él, todo debe tener sentido y lógica. "¿Por qué tengo que hacer esto? ¿Qué sentido tiene?", son preguntas que escucho casi a diario. La determinación es un rasgo de su carácter que se apreciaba desde bien pequeño, y que muchas veces hace realmente difícil negociar con él o hacerle cambiar de idea.

A pesar de todo, ser su madre también ha sido un viaje lleno de lecciones. Me ha enseñado a mirar más allá de las apariencias, a escuchar con más atención, a intentar entender lo que hay detrás de sus emociones tan intensas. También a pasar de los juicios de los otros padres, de la incomprensión de quien realmente no entiende este tipo de personalidad.

Cuando logro conectar con él, cuando me habla de sus pasiones y sus sueños, veo un mundo increíblemente rico dentro de él. Su creatividad, su sensibilidad, su forma de ver la vida… Todo eso es lo que lo hace especial, pero también lo que lo hace vulnerable.

Por supuesto, hay días en los que me siento sola. Es difícil explicar a otros lo que significa tener un hijo de alta demanda. A veces siento que la gente piensa que exagero o que simplemente debería ser "más estricta".

Pero entonces, en esos días en los que todo parece demasiado, hay momentos de luz. Como cuando se acerca después de una discusión y me abraza, diciéndome que me quiere. O cuando logra superar algo que parecía imposible y lo veo brillar con orgullo. En esos momentos, recuerdo que todo esto vale la pena, y me siento orgullosa de él, y confío en que todo esto pasará.

Tener un hijo de alta demanda no es fácil, pero también me ha enseñado a ser una madre más fuerte, más consciente y más conectada. Y aunque a veces siento que estoy al límite, no cambiaría por nada la experiencia de ser su madre, porque él, con todas sus demandas y desafíos, me enseña cada día a ser mejor madre y persona».

IMPACTO EN LA VIDA DIARIA

Vivir con un adolescente de alta demanda puede ser una experiencia tan desafiante como gratificante. Esto te resulta familiar, puesto que llevas viviendo en esa montaña rusa muchos años con tu hijo o hija.

Necesitan una gran cantidad de atención y afecto, lo que puede poner a prueba la paciencia de los padres y hermanos. Las discusiones pueden surgir fácilmente debido a su reactividad emocional y su búsqueda constante de autonomía. Su fuerte temperamento se hace aún más patente en esta etapa.

En el ámbito escolar, pueden destacar académicamente debido a su desarrollo cognitivo avanzado y su persistencia. No obstante, su perfeccionismo y sensibilidad pueden llevarlos a altos niveles de estrés y ansiedad. En otros casos sucede lo contrario: están tan inmersos en la vorágine de esta etapa que desatienden los estudios y se convierten en fuente de conflicto familiar.

Las relaciones sociales se vuelven conflictivas y tumultuosas: discusiones con amigas, cambios de grupo… El drama está asegurado, especialmente entre las chicas.

Respecto a la vida afectiva y sexual, los adolescentes de alta demanda, con su gran sensibilidad emocional, pueden experimentar sus primeras relaciones amorosas de manera muy intensa. Esta intensidad puede llevar a una mayor vulnerabilidad emocional y a una necesidad constante de validación y seguridad en sus relaciones.

La sensibilidad emocional y la necesidad de pertenencia pueden hacer que sean más susceptibles a la presión de grupo y al consumo de drogas. La búsqueda de aceptación y el deseo de experimentar pueden llevarlos a probar sustancias. Si además tienen baja autoestima, lo cual es común en esta etapa ya de por sí, serán más vulnerables, pues la baja autoestima implica inseguridad, y menos capacidad de oponerse a la presión social. Una persona con baja autoestima es más influenciable y le pesa más la opinión de los demás.

Pero no te asustes, estoy segura de que has hecho un buen trabajo durante los primeros doce años y ahora afrontas el reto de surfear la adolescencia de tu hijo, pero las semillas ya están plantadas. Una visión amorosa y consciente de los años que vienen por delante los pueden convertir en años increíbles. Te aseguro que los puedes disfrutar más incluso que otras etapas, aunque ahora mismo te parezca difícil (te lo digo por experiencia propia).

«Educar a un hijo intenso y complejo es un verdadero reto, mira cada desafío como una oportunidad de crecimiento para ambos».

CAPÍTULO 3

EL DESARROLLO EN LA ADOLESCENCIA

Tu niño o niña, que apenas llegaba a tu hombro a los diez años, empieza un cambio rapidísimo a partir de esta edad. Es lo que llamamos preadolescencia, entre los diez y los doce años, nuestro hijo o hija sigue siendo y comportándose como un niño en muchos aspectos, y de repente empezamos a ver comportamientos de adolescente. Son un par de años especialmente complicados, porque aún no le creemos en esa etapa, nos parece demasiado pequeño, pero ya está entrando en ella.

Vamos a revisar los principales cambios físicos y psicológicos a los que se enfrentan.

CAMBIOS FÍSICOS

La pubertad es el periodo durante el cual el cuerpo de un niño se transforma en el de un adulto capaz de reproducirse. Alcanzar la madurez sexual, física y psicológica no es tarea fácil. Los cambios se aceleran y a veces cuestan de digerir. A ellos y a nosotros. Además, implican una locura hormonal que pone todo patas arriba.

Principales cambios físicos:

1. Crecimiento rápido: Los adolescentes experimentan un estirón significativo. En las niñas, este crecimiento suele comenzar antes, entre los nueve y los trece años, y alcanza su máximo alrededor de los once años. Los niños suelen empezar un poco más tarde, entre los diez y los dieciséis años, y alcanzan su pico de crecimiento alrededor de los trece años. Este crecimiento puede ser tan rápido que a veces parece que crecen de la noche a la mañana y se da lo que se llama *mismatch* temporal (desfase temporal), que provoca un desajuste en la coordinación y percepción del cuerpo.

El *mismatch* temporal hace que el adolescente sienta que su cuerpo crece más rápido de lo que puede procesar emocionalmente. Este desajuste contribuye a la inseguridad y a la percepción de torpeza. Esto puede afectar a su autoestima y hacer que se sientan incómodos o inseguros sobre su apariencia física. Es común que los adolescentes comparen sus cuerpos con los de sus compañeros, lo que puede llevar a sentimientos de inseguridad si perciben que no se desarrollan al mismo ritmo.

En esta etapa se acrecientan las diferencias entre ellos: hasta los diez años aproximadamente, la gran mayoría tienen aspecto de niños. A partir de ahí, algunos desarrollan muy rápido y otros por el contrario tardan aún un tiempo, lo que puede hacerles sentirse diferentes: y nada odia más un adolescente que sentirse distinto a su grupo de amigos.

Además, la percepción de ser «diferente» durante este tiempo puede intensificar las emociones de vulnerabilidad y ansiedad. Los comentarios o burlas de los compañeros pueden agravar estos sentimientos, y afectar a su confianza y bienestar emocional.

2. Desarrollo sexual: Durante la pubertad, los adolescentes experimentan importantes cambios sexuales que marcan el inicio de la capacidad reproductiva. Estos cambios incluyen el desarrollo de los órganos sexuales, el crecimiento del vello púbico y axilar, y en los niños, el cambio de voz y el crecimiento del vello facial.

- **Niñas:** El primer signo de pubertad en las niñas es la aparición de los botones mamarios. Posteriormente, el crecimiento del vello púbico y axilar comienza, y generalmente, dos años después del inicio del desarrollo mamario, aparece la menstruación. Durante esta etapa, las caderas se ensanchan y el cuerpo adquiere una forma más curva.
- **Niños:** El primer signo de pubertad en los niños es el crecimiento de los testículos y el escroto. Poco después, el pene comienza a alargarse. El vello púbico aparece al mismo tiempo, seguido de la aparición del vello facial y axilar, y el cambio de voz debido al crecimiento de la laringe.

La aparición de la masturbación y el aumento de la libido son otros aspectos importantes del desarrollo sexual durante la adolescencia. Estos cambios pueden generar muchas dudas y preocupaciones en los adolescentes. Es normal que experimenten un aumento en los pensamientos y deseos sexuales, y que busquen explorar su sexualidad a través de la masturbación.

La aparición de la menstruación en las niñas y las eyaculaciones nocturnas en los niños son eventos que, aunque naturales, pueden ser fuentes de preocupación y vergüenza si no se manejan con la adecuada educación y apoyo.

3. Cambios en la piel y el cabello: Durante la pubertad, las glándulas sebáceas se vuelven más activas, lo que puede provocar acné. Además, el cabello en la cabeza puede volverse más grasoso, y los adolescentes pueden necesitar ducharse con más frecuencia debido a un aumento en la producción de sudor y el desarrollo de olor corporal.

A menudo esto les hace sentirse avergonzados o incómodos con su apariencia, especialmente si el acné es severo. Los comentarios de los compañeros pueden agravar estos sentimientos, haciendo que se sientan más conscientes de su piel y apariencia, porque a esas edades es muy común «hacerse el gracioso» metiéndose con los amigos, haciendo bromas pesadas. También es la etapa en que más casos de *bullying* se detectan, y a veces algunas características personales los convierten en blanco perfecto.

4. Cambios en la proporción del cuerpo: Algunas partes del cuerpo, como la cabeza, las manos y los pies, pueden crecer más rápido que otras, lo que a veces resulta en una apariencia desproporcionada temporal. Esto es normal y se equilibra a medida que el crecimiento progresa.

5. Desarrollo de la fuerza y la coordinación: Los músculos aumentan en tamaño y fuerza, y la coordinación mano-ojo mejora. Sin embargo, debido al rápido crecimiento, pueden experimentar periodos de torpeza hasta que su cerebro se adapte a su nuevo centro de gravedad.

Los cambios que se producen durante la adolescencia a nivel físico afectan de manera especial a los adolescentes de alta demanda debido a sus características. Experimentan los cambios físicos, sexuales y emocionales con una intensidad mayor, lo que puede aumentar su vulnerabilidad y reactividad, y hacer que se sientan más inseguros y abrumados por las transformaciones que están viviendo. Además, su tendencia a la autoexigencia y la introspección puede intensificar sus preocupaciones sobre su normalidad y aceptación, e impactar significativamente en su autoestima y bienestar emocional.

Tu hijo de alta demanda va a necesitar más de ti en esta etapa. Pero no sabrá pedírtelo como imaginas. Puede que parezca que no quiere saber nada de ti, que no te soporta o que incluso no te quiere. Pero recuerda que solo es un chico o chica afrontando una etapa convulsa, en la que todo cambia y se reescribe, y que ni él mismo entiende.

Sentirse mal con su aspecto físico es normal. Están llenos de inseguridades. Piensa por un solo momento si tú vivieras esos cambios físicos abruptos ahora mismo:

Aumento de altura, de peso, más vello, te cambia la voz o te crece el pecho dos tallas. La cara llena de acné...

Posiblemente estarías mirándote constantemente al espejo, malhumorada, y comparándote con los demás. Que es exactamente lo que está haciendo tu hija o hijo.

¿Cómo puedo ayudarle?

En primer lugar, haciendo un ejercicio de empatía y tratando de entender cómo se puede estar sintiendo. En segundo lugar, comprendiendo que no tiene aún las habilidades sociales de un adulto ni la capacidad de regulación emocional, por lo que no sabe expresar su malestar de una manera adecuada. En tercer lugar, despersonalizando muchas de sus reacciones o conductas hacia ti. Recuérdate esto a menudo: «no tiene que ver conmigo», o «esta reacción no es para mí».

Las emociones, como la frustración, el malestar, la rabia o la inseguridad que les puede estar causando su aspecto físico, no van a desaparecer. Se expresarán, aunque tal vez no de la manera que a ti te gustaría. Sabiendo esto: paciencia con las conductas o respuestas de tu hijo, y límites claros con las realmente inadecuadas: faltas de respeto o violencia. Que se sienta mal no le da derecho a todo.

También le ayudará que hables con él o ella abiertamente de sus inseguridades. Puedes ponerle ejemplos de cómo eras tú físicamente a esa edad, cómo te sentías..., normalizando sus sentimientos. Se sentirá arropado. También destacar o hacer valiosas sus diferencias físicas, aquello que lo distingue o le hace único. Enseñándole a amarse y aceptarse. No es un camino fácil ni rápido, pero estas conversaciones con el tiempo van calando y se van interiorizando.

No hagas comentarios despectivos o resaltes sus defectos físicos. Frases como «has engordado», «¿por qué no te pones un poco de maquillaje en los granos?» o «¿adónde vas con esa pinta?» (cuando lleva una hora eligiendo modelito) no te imaginas el peso que pueden llegar a tener para tu adolescente. No le digas aquello que no le dirías a un compañero de trabajo o a un amigo. A veces no somos conscientes de las cosas que les decimos, pero no dudes que ellos sí. Así que recuerda: *no hay palabra inocua.*

CAMBIOS PSICOLÓGICOS

La adolescencia es, sin duda, una de las etapas más fascinantes y complejas en la vida de nuestros hijos. Y este proceso no es solo físico; los cambios psicológicos que experimentan son profundos y, a veces, pueden parecer un verdadero torbellino, tanto para ellos como para nosotros.

Ese niño o niña que hasta hace nada se sentaba en tu regazo, disfrutaba pasando tiempo contigo, se reía de tus gracias…, de un día para otro, se convierte en casi un desconocido. Puedes tener la sensación de que su personalidad está cambiando, pero no se trata de eso. Su verdadera personalidad está emergiendo. La construcción de la personalidad es un proceso largo, que culmina al principio de la edad adulta. Los rasgos básicos del temperamento vienen definidos genéticamente. La timidez/extroversión, la apertura a la experiencia, el neuroticismo… Y estos rasgos interactúan con el ambiente: los padres, los amigos, la escuela…, y se moldean hasta dar su resultado final.

Cuando hablamos de cambios psicológicos nos referimos a toda una serie de transformaciones que afectan la manera en que nuestros adolescentes piensan, sienten y se ven a sí mismos.

Estos cambios son parte natural del desarrollo, pero pueden venir acompañados de confusión, dudas y, en ocasiones, de una gran intensidad emocional.

El desarrollo de la identidad: ¿Quién soy yo?

> «La principal tarea del adolescente es la de responder a la pregunta "¿quién soy yo?"».
> Erik Erikson

«Ruth tiene quince años y llega a mi consulta después de un largo periplo de más de dos años en terapia con diferentes psicólogos, psiquiatras y centros de día. Es pequeñita, morena, con el pelo negro que deja caer en un flequillo demasiado largo sobre sus ojos. Solo lleva maquillados los ojos, negros profundos, de largas pestañas. Depresión, ansiedad, autolesiones… La han mantenido dos años alejada del instituto. Es una chica muy inteligente, sensible, creativa, talentosa. Dibuja muy bien, es aguda, borde y despectiva. No conmigo. Yo le caigo en gracia y para mí reserva intimidades, e incluso alguna broma. Su piel es blanquísima, y lleva ropa sport *tres tallas grande.*

Sus gustos son ajenos a la moda. Por eso, entre otras cosas, no conecta con el resto de chavales. Le cuesta mucho hacer amigos. Le interesan los crímenes y el tiro olímpico. No tiene muchas aficiones. Sorprenden sus valores, su mesura, su claridad mental. Es normal que no conecte, que no encaje, porque poco tiene que ver con la mayoría de adolescentes que conozco. Aún está buscándose a sí misma, como todos a esa edad, y no sabe quién es. Su autoestima es muy frágil. No se gusta, ni se quiere, lo cual disfraza de arrogancia y desdén: a todos los considera inferiores. Es solo una forma de protegerse

*de su vulnerabilidad. El mundo es demasiado complejo,
absurdo y abrumador para ella.*

*Pero yo sé que encontrará su lugar en el mundo, des-
cubrirá que es perfecta como es, y aprenderá a defender
su identidad y amarla».*

Erik Erikson, un psicólogo muy influyente, desarrolló una teoría sobre el desarrollo humano que es especialmente útil para entender lo que les sucede a nuestros hijos durante la adolescencia. Según Erikson, la vida se divide en varias etapas, y en cada una de ellas enfrentamos un desafío particular que debemos superar para seguir creciendo como personas.

En esta etapa enfrentamos uno de los desafíos más importantes: la búsqueda de nuestra identidad. Este es un momento en el que nuestros hijos empiezan a preguntarse: «¿Quién soy yo?». No se trata solo de lo que les gusta o no, sino de entender realmente quiénes son como personas, qué valores quieren seguir, qué quieren lograr en la vida, y cómo quieren que los demás los vean.

Erikson llamó a este desafío «identidad versus confusión de roles». Esto significa que, durante la adolescencia, los jóvenes están explorando diferentes aspectos de sí mismos, como probar nuevos estilos de ropa, cambiar de amigos, interesarse por diferentes actividades o cuestionar las creencias familiares. Todo esto forma parte de su proceso para descubrir quiénes son en realidad.

Si logran superar este desafío, es decir, si consiguen desarrollar una identidad clara y segura, entonces salen de la adolescencia con una buena base para la vida adulta. Sin embargo, si no logran resolver estas preguntas sobre sí mismos, pueden sentirse confundidos o inseguros sobre quiénes son, lo que puede afectar su autoestima y la forma en que se relacionan con los demás.

Para encontrar esa identidad propia y única, lo primero que harán es tratar de diferenciarse de nosotros y todo lo que representamos. Inevitablemente, cuestionarán nuestra manera de pensar, nuestros valores o las tradiciones familiares. El primer paso para convertirse en ellos mismos es ser diferentes a nosotros. Hay un momento es que podrás llegar a percibir verdadero rechazo hacia ti o tu estilo de vida. Mantenerte tranquilo y recordarte que «no tiene que ver contigo», es decir, que no es algo personal, te puede ayudar a soportar las «embestidas». Porque, no lo neguemos, duele. Pero es solo un tránsito… Parecen alejarse irremediablemente…, hasta que la tormenta pasa, y con ella esos años convulsos (normalmente los más complicados son entre los trece y los dieciséis), y empezamos a recuperar de nuevo a nuestro hijo.

Como padres, es importante que comprendamos que esta búsqueda de identidad es normal y necesaria. Nuestros hijos pueden parecer indecisos, cambian de opinión frecuentemente o incluso cuestionan todo lo que les hemos enseñado. Aunque esto puede ser desconcertante, debemos recordar que están en un proceso crucial de autodescubrimiento. Nuestro papel es apoyarlos, ofrecerles un espacio seguro para explorar, y estar presentes para guiarlos cuando lo necesiten, sin imponerles nuestras propias expectativas o miedos.

Recuerda que, aunque a veces sea difícil, este es un paso esencial para que tus hijos se conviertan en adultos plenos y seguros de sí mismos.

Factores que inciden en el desarrollo de la identidad de un adolescente

La familia: la primera influencia

La familia es el primer y, en muchos casos, el más importante factor en el desarrollo de la identidad de un adolescente. Desde pequeños, nuestros hijos absorben valores, creencias y comportamientos observando a los adultos que los rodean. Es en el seno familiar donde se forjan los primeros conceptos de lo que es correcto o incorrecto, y donde se comienza a formar una base sólida de autoestima y confianza.

Sin embargo, durante la adolescencia, los jóvenes comienzan a cuestionar estos valores familiares, buscan formas de adaptarlos a su propia realidad o, en algunos casos, se rebelan contra ellos para afirmar su individualidad. Este proceso es normal y saludable, aunque a veces puede ser difícil para ti sentir que todo lo que has tratado de transmitirle «cae en saco roto».

Un estilo parental democrático —que combina firmeza y calidez— fomenta una identidad segura en los adolescentes, al permitirles explorar mientras sienten el apoyo constante de sus padres.

El grupo de iguales: el deseo de pertenencia

A medida que nuestros hijos crecen, la influencia del grupo de amigos se vuelve cada vez más significativa. Durante la adolescencia pertenecer a un grupo se convierte en una necesidad casi vital. Los adolescentes buscan encajar, sentirse aceptados y encontrar su lugar dentro de un grupo que comparta intereses y valores similares. Es lo que se llama presión normativa, la cual describe la tendencia a conformarse y adaptarse, ajustado su comportamiento a las expectativas del grupo, para evitar el rechazo.

Este deseo de pertenencia puede llevar a los adolescentes a adoptar comportamientos, estilos de vestir e incluso formas de pensar que están alineados con su grupo de amigos. A veces, esto puede generar tensiones en casa, sobre todo si las nuevas influencias chocan con los valores familiares.

«En mi adolescencia tuve una época hippie, *otra siniestra. Llevaba unas pintas... Me dio por formar parte de colectivos algo extremos de izquierda. La política era importante para mí. Era idealista, quería cambiar el mundo. Dejé de comer atún para protestar por las matanzas de delfines que hacían con la*

pesca de arrastre. Fui voluntaria en varias ONG. Di muchos quebraderos de cabeza a mis padres: era impuntual, me pasé un año casi sin ir a clase. Me gustaba demasiado la fiesta, y tuve muchos novios. Ahora soy una persona normal, con una carrera profesional exitosa, casada y tengo dos niños. Pero mis padres en aquella época pensaban que echaría mi vida a perder. Fueron tres años tontos, luego empecé la universidad, y todo cambió. Cuando mis hijos se acercaban a la adolescencia pensé: por favor, que no se parezcan a mí de adolescente… Por suerte me lo han puesto mucho más fácil». Carmen, mamá de Pablo y Camila.

Es importante recordar que esta es una parte natural del desarrollo de la identidad, y que, aunque los adolescentes puedan experimentar con diferentes roles y comportamientos, están en un proceso de autodescubrimiento que los ayudará a definir quiénes son realmente, así que recuerda que es parte del proceso, respira… y confía.

La cultura y la sociedad: el entorno más allá del hogar

La cultura en la que nuestros hijos crecen también juega un papel crucial en el desarrollo de su identidad. Los medios de comunicación, las redes sociales, la música, el cine y la moda son solo algunos de los elementos que forman parte de la cultura y que pueden influir en la manera en que los adolescentes se ven a sí mismos y al mundo que los rodea.

En la era digital, la exposición a diferentes culturas y estilos de vida es casi inevitable. Los adolescentes tienen acceso a una cantidad inmensa de información y modelos que seguir que pueden impactar profundamente en su sentido de identidad. Educativamente es uno de los mayores retos que afrontamos hoy en día: las redes sociales, los videojuegos, la adicción a la tecnología…

Los adolescentes no solo construyen su identidad en el mundo físico, sino también en el digital. La imagen que proyectan en redes sociales puede influir profundamente en cómo se perciben a sí mismos, lo que aumenta la necesidad de validación externa.

Debido a lo complejo de este tema, lo veremos en profundidad en otro capítulo.

La escuela: un espacio de crecimiento y desafíos

La escuela es otro escenario donde los adolescentes desarrollan su identidad. Es un lugar donde se enfrentan a desafíos académicos, sociales y emocionales que les ayudan a descubrir sus fortalezas, debilidades y preferencias. Además, la interacción con maestros y compañeros les permite explorar diferentes aspectos de su personalidad y capacidades.

Los logros y fracasos en la escuela también contribuyen a la construcción de la identidad. Un adolescente que se siente exitoso en sus estudios puede desarrollar una fuerte identidad académica, mientras que aquellos que luchan en el ámbito escolar pueden buscar otras áreas donde destacar.

En esta etapa además suele producirse el cambio al instituto, que en muchas ocasiones implica un cambio de centro, y el interaccionar con personas mucho mayores que ellos, lo que suele preocupar bastante a los padres.

La importancia de la independencia: déjame hacerlo solo

Con la adolescencia llega un fuerte deseo de independencia. Los adolescentes empiezan a querer hacer las cosas por sí mismos, tomar sus propias decisiones y, en muchos casos, distanciarse un poco de sus padres para encontrar su camino. Esto no significa que no nos necesiten, pero es su manera de aprender a ser autosuficientes. Puede ser incómodo por dos motivos: porque que ellos tomen el control progresivamente de sus vidas implica que nosotros lo soltemos. Y eso nos suele costar bastante.

Y, por otro lado, los conflictos, inherentes a esta búsqueda de independencia.

Sin embargo, todos queremos que nuestros hijos sean autónomos, independientes y que no se dejen influir por los demás. Que sean capaces de tomar sus propias decisiones, y asumir responsabilidades. Pero se nos olvida que, para llegar ahí, deben pasar por este proceso.

Las emociones a flor de piel: ¡es el fin del mundo!
Los cambios hormonales durante la adolescencia no solo afectan el cuerpo, también tienen un impacto enorme en las emociones. Por lo que, a veces, nuestros adolescentes puede parecer que están en una montaña rusa emocional. Un momento están felices y, al siguiente, todo parece un desastre. Pasan el día malhumorados, aislados, tienen enormes explosiones por cualquier cosa, y de repente te vienen a contar una anécdota o a pedirte algo como si nada. Puede ser verdaderamente frustrante, desconcertante y llevarte al límite de la paciencia.

Esta sensibilidad emocional es parte del proceso de maduración. Están aprendiendo a lidiar con emociones más complejas y a entender sus propios sentimientos.

¿Y cuál debe ser nuestro papel en esta situación? ¿Cómo gestionamos esos vaivenes?

No te negaré que es complicado, pero lo deseable es que no nos dejemos arrastrar por su inestabilidad emocional (que es lo que suele suceder). Si eres capaz de aceptar con cierta distancia afectiva sus reacciones (siempre dentro de unos límites) y mantenerte calmado, respetando su necesidad de estar solos sin vivirlo como «no quiere estar conmigo», lo vivirás con menos frustración.

Por otro lado, respecto a la agresividad, insultos, malas formas, deben existir límites claros: el mensaje debe ser que no se puede faltar al respeto o tratar mal a la gente por el hecho de que ellos se sientan mal. Deben tener sus consecuencias, y por supuesto modelar el comportamiento adecuado. Cuando pase la tormenta (que las habrá, y muchas) trata de conversar sobre qué lo ha llevado a comportarse así, ayúdale a identificar sus emociones, y dale ideas sobre cómo expresarlas de otro modo más adaptativo.

Como siempre, no se consigue en un día, recuerda que aprendemos por repetición…

DEFINIENDO SU PROYECTO VITAL: EL PROPÓSITO

La adolescencia es ese momento mágico y, a la vez, complejo en el que nuestros hijos empiezan a vislumbrar lo que desean hacer con sus vidas. Es cuando el «qué quiero ser cuando sea mayor» comienza a tomar forma en sus corazones y mentes. Definir su proyecto vital no se trata solo de elegir una carrera o un camino profesional, sino de encontrar su propósito, aquello que los mueve y les da sentido. Es un proceso lleno de sueños, dudas y descubrimientos, donde nosotros, como padres, jugamos un papel fundamental, acompañándolos con amor, paciencia y confianza en que ellos encontrarán su rumbo. Es ver cómo esas pequeñas ideas que tenían de niños se convierten en planes concretos, cómo sus pasiones empiezan a definir quiénes quieren ser en este mundo, y cómo, con cada paso, construyen la vida que desean vivir.

«Creo que casi todos pasamos en la adolescencia por un momento en que nos volvemos muy idealistas. Queremos cambiar el mundo. Algunos tienen ideologías políticas muy claras, otros se vuelven ecologistas, vegetarianos… Es un momento donde la pasión no tiene límites, donde los sueños son grandes y alcanzables. Si lo piensas, es precioso, y es algo que perdemos con la edad».

Cuando un adolescente no logra definir su proyecto vital o no encuentra un propósito que le dé sentido a lo que hace, puede experimentar una sensación de vacío o desorientación. Es como estar en un barco sin rumbo, donde cada día parece igual al anterior, sin una dirección clara hacia donde navegar. Esta falta de propósito puede llevar a la desmotivación, a la apatía e incluso a una sensación de desesperanza.

Por otro lado, cuando un adolescente encuentra su propósito, cuando descubre algo que lo apasiona y lo motiva, todo cambia. La vida cobra sentido, y cada día se convierte en una oportunidad para avanzar hacia sus metas. No es que todos los días sean fáciles o que no enfrenten obstáculos, pero tener un propósito les da la fuerza para superarlos. Saben que están trabajando por algo que realmente importa para ellos, y eso les proporciona una fuente constante de energía y motivación.

Si nuestros hijos no logran definir su proyecto vital, el riesgo es que se queden atrapados en una vida que no los llena, que se sientan insatisfechos o perdidos durante mucho tiempo. Pero cuando encuentran ese propósito, cuando definen su camino, todo cambia: la vida se llena de color, de motivación y de sentido. Y eso es algo que los acompañará durante toda su vida.

Quiero recomendarte un libro que creo puede ser de gran ayuda para acompañar a tu hijo en su búsqueda de propósito durante la adolescencia: *El hombre en busca de sentido* de Viktor Frankl. Suelen recomendarlo en muchos institutos en esta etapa como lectura, pero si no es así, te invito a que se lo regales a tu adolescente. Es cortito y fácil de leer, pero muy inspirador.

Otro libro sencillo de leer y muy recomendable es el *Manual del guerrero de la luz* de Paulo Coelho. A través de breves enseñanzas, muy cortitas, hace un recorrido por una serie de valores y actitudes ante la vida muy ilustradoras. Es también de muy fácil lectura, una página por día de apenas unos párrafos, ¡así que ni el adolescente más perezoso o renuente a la lectura puede encontrar excusa!

Por último, del mismo autor, te recomiendo *El alquimista*, es también una novelita corta, pero con muchas enseñanzas y reflexiones que inspirarán a tu hijo o hija y le motivarán a perseguir sus sueños y metas en la vida.

CAMBIOS COGNITIVOS: EL ASOMBROSO VIAJE DEL PENSAMIENTO

La adolescencia no solo es una etapa de cambios físicos y emocionales, sino también de una verdadera revolución cognitiva. El cerebro de tu hijo está en pleno proceso de transformación, desarrollando habilidades que antes no tenía y alcanzando un nivel de madurez que le permitirá comprender y relacionarse con el mundo de formas completamente nuevas. Es fascinante, pero también puede ser desconcertante, tanto para ellos como para nosotros.

Como explica Álvaro Bilbao en su libro *El cerebro del niño explicado a los padres* (y también en *El cerebro del adolescente*), el cerebro adolescente es como una gran obra en construcción. La parte emocional y más «primitiva» del cerebro, liderada por la amígdala, funciona a toda máquina, mientras que el lóbulo prefrontal, encargado de la planificación, la toma de decisiones y el autocontrol, aún está desarrollándose. Esto explica muchas de las conductas que observamos en nuestros hijos: esa impulsividad, esos cambios de humor y esa aparente contradicción entre su capacidad para razonar profundamente sobre un tema y, al mismo tiempo, tomar decisiones que parecen, a nuestros ojos, absolutamente irracionales.

El salto al pensamiento abstracto: La teoría de Piaget

Jean Piaget, uno de los grandes referentes en psicología del desarrollo, describe la adolescencia como el inicio de la etapa del pensamiento formal, que se caracteriza por la capacidad de pensar de manera abstracta y lógica. Antes de esta etapa, los niños se centran principalmente en lo concreto: aquello que pueden ver, tocar o experimentar directamente. Pero en la adolescencia, su mente da un salto cualitativo. Ahora son capaces de imaginar, de hacer hipótesis y de reflexionar sobre conceptos más complejos, como la justicia, la moralidad o el propósito de la vida.

Por ejemplo, un niño de diez años puede entender que robar está mal porque es una norma clara que se le ha enseñado. Un adolescente, en cambio, puede reflexionar sobre las circunstancias que rodean el acto: ¿es igual de grave robar para alimentar a tu familia que hacerlo por codicia? Este tipo de razonamientos muestra cómo empiezan a desarrollar un pensamiento crítico y a cuestionar el mundo que los rodea.

La transición al pensamiento formal no solo les permite resolver problemas complejos, sino también ponerse en el lugar de otros y reflexionar sobre conceptos como justicia o ética. Fomentar estas discusiones les ayuda a afianzar su pensamiento crítico.

Sin embargo, esta nueva capacidad también puede ser una fuente de conflicto. Ahora tu hijo cuestionará tus normas, tus valores e incluso tus decisiones, no necesariamente porque quiera llevarte la contraria, sino porque está construyendo su propio sistema de creencias. Este proceso puede ser agotador, pero es fundamental para su desarrollo.

Un proceso de poda y reconexión

Durante la adolescencia, el cerebro pasa por un proceso de «poda sináptica», en el que elimina aquellas conexiones neuronales que no son necesarias para reforzar las que sí lo son. Este proceso es esencial para hacer que su cerebro sea más eficiente, pero también explica por qué pueden parecer más «despistados» o menos organizados en ciertos momentos.

Además, el cerebro adolescente está reconfigurando la mielinización, que es como un «aislante» que recubre las conexiones neuronales y acelera la transmisión de información. Es decir, su cerebro está literalmente reorganizándose para ser más rápido y efectivo, aunque este proceso no se complete hasta bien entrada la veintena.

Por otro lado, la plasticidad cerebral está en su máximo esplendor. Esto significa que su cerebro es extremadamente moldeable, lo que los convierte en esponjas para aprender nuevas habilidades, explorar intereses y absorber valores. Pero también los hace más vulnerables a influencias negativas, como el consumo de sustancias o la presión del grupo.

El desafío de la autorregulación

A medida que el lóbulo prefrontal se desarrolla, tu hijo empieza a adquirir habilidades de autorregulación emocional y de control de impulsos. Pero este proceso no es lineal ni inmediato. Por eso, es posible que a veces veas destellos de madurez y, al día siguiente, comportamientos que te parecen infantiles o fuera de lugar.

Un ejemplo clásico es la gestión del tiempo. Un adolescente puede entender perfectamente que debe estudiar para un examen, pero si aparece una invitación para salir con amigos o una nueva serie en su plataforma favorita, su cerebro emocional (liderado por la amígdala) puede ganar la batalla al racional (guiado por el lóbulo prefrontal). Esto no significa que sea irresponsable; simplemente, su cerebro aún está aprendiendo a priorizar y tomar decisiones a largo plazo.

Sin embargo, nos cuesta entender esto. Pretendemos muchas veces que se comporten como adultos.

Otro aspecto relacionado con los cambios cognitivos es el sueño. Los adolescentes necesitan dormir más porque su cerebro, en plena transformación, requiere tiempo adicional para procesar y consolidar los aprendizajes, además de restaurarse físicamente. Gonzalo Pin, experto en sueño infantil y juvenil, explica que durante la adolescencia se produce un cambio en su ritmo circadiano, que es como el «reloj interno» que regula los ciclos de sueño y vigilia. Este cambio hace que los adolescentes se sientan más activos y alerta por la noche, lo que los lleva a acostarse más tarde, pero también retrasa su capacidad para despertarse temprano. En términos biológicos, sus cuerpos producen melatonina, la hormona del sueño, más tarde en la noche que los niños o adultos. Este desajuste con los horarios escolares y sociales los obliga a levantarse antes de que hayan descansado lo suficiente, acumulando una «deuda de sueño» que afecta a su atención, memoria, estado de ánimo e incluso a su salud física. Entender esta realidad y tratar de adaptarse a ella, cuando sea posible, es clave para ayudarlos a mantener un equilibrio saludable durante esta etapa tan exigente.

¿No me digas que saber esto no te ayuda a entender muchas cosas? En mi caso, cuanto más aprendía sobre adolescencia, más comprendía a mis hijos y pacientes. Eso también me ayudó a afrontar las cosas desde otra perspectiva nueva y con un enfoque diferente que lo cambió todo.

¿Cómo acompañarlos en este viaje?

Tu papel como madre o padre es clave para ayudar a tu hijo a navegar por esta etapa de cambios cognitivos. Aquí tienes algunas ideas:

1. **Fomenta el pensamiento crítico:** Aprovecha su nueva capacidad para debatir y reflexionar. Hazle preguntas abiertas, escucha sus argumentos y comparte tus puntos de vista sin imponerlos. Esto no solo fortalecerá vuestra relación, sino que también le ayudará a desarrollar una mente más analítica.

2. **Sé paciente con su impulsividad:** Recuerda que no siempre pueden controlar sus emociones o decisiones de forma óptima. En lugar de castigarlos o juzgarlos, ayúdales a entender las consecuencias de sus actos y a buscar alternativas para la próxima vez.

3. **Proporciona retos adecuados:** Su cerebro necesita estímulos que le ayuden a crecer. Anímalos a explorar nuevas actividades, a aprender cosas que les interesen y a asumir responsabilidades progresivamente.

4. **Crea un entorno seguro:** Aunque estén en plena búsqueda de independencia, necesitan saber que pueden contar contigo como un refugio emocional. Esto les dará la seguridad que necesitan para enfrentarse a los retos del mundo.

La adolescencia es, sin duda, una etapa fascinante. Ver a tu hijo desarrollar su capacidad para pensar, reflexionar y entender el mundo de formas más complejas es un regalo, aunque a veces venga acompañado de desafíos. Si además tu hijo es de alta demanda, esta etapa puede sentirse aún más intensa, pues su sensibilidad emocional, su tendencia a la introspección y su fuerte necesidad de validación amplifican cada experiencia.

No te olvides de celebrar esos pequeños momentos en los que te sorprende con una reflexión profunda, una pregunta inesperada o una conversación que antes habrías considerado imposible. Estos momentos son especialmente valiosos en adolescentes de alta demanda, que viven cada emoción y cada pensamiento con una intensidad que puede ser desafiante, pero también profundamente enriquecedora.

Recuerda: su cerebro está en construcción, y tú formas parte del equipo de arquitectos. Con paciencia, empatía y una buena dosis de humor, podrás acompañarlo en este viaje hacia la madurez cognitiva y emocional. Y, quién sabe, tal vez aprendas tanto de él como él de ti.

★ ★

CAPÍTULO 4

EL VÍNCULO DE APEGO EN LA ADOLESCENCIA

LA BASE DE TODO

Estoy segura de que una de las cosas que has sentido cuando tu hijo ha entrado en la adolescencia es la distancia afectiva con él o ella. Al menos a mí me pasó. A veces nos sentimos rechazados, parece que nuestra compañía les molesta, no nos cuentan nada y parece que incluso les caemos mal. Ese pequeño que hasta hace nada se subía encima de nuestras rodillas aunque ya no cupiera, que volvía del cole parloteando y contándonos todo, se ha vuelto una persona huraña que llega a casa con los auriculares puestos, que, como te descuides, ni te saluda, y que contesta con monosílabos a tus preguntas.

¿Cómo te hace sentir esto?

Supongo que es una mezcla de tristeza, frustración, enfado y rabia. Porque es normal pensar que no nos lo merecemos, que nos quieren solo para pedirnos dinero y ayuda, que no se preocupan de nosotros ni lo más mínimo..., y un largo etcétera de pensamientos automáticos de este tipo que seguro que te asaltan cuando percibes su indiferencia, su desdén o su egoísmo.

Un cambio en la interpretación de sus conductas puede ayudarte a no personalizarlas, y a entender que están solo transitando un momento vital de características peculiares. Recordar en este punto tu adolescencia puede ser un buen punto de partida. ¿Recuerdas el ejercicio del principio?

Toma de nuevo unos minutos para cerrar los ojos y recordar cómo sentías en tu adolescencia la relación con tus padres. Cómo cambió durante unos años (¡esa es la buena noticia! ¡Es solo temporal!) y cómo te alejaste de ellos. Recuerda también cómo lo más importante en aquellos años era encontrar tu lugar en el mundo, tus amigos, salir de fiesta y ponerte guapa. ¿Lo recuerdas? Porque yo sí…

¿Y cómo crees que le hace sentir a tu adolescente?

Ellos también notan esta distancia (aunque la mayoría de las veces la provocan ellos mismos), pero también les afecta.

«No les gusto a mis padres. Sé que los decepciono, sobre todo a mi madre. Es tan evidente que no le caigo bien…, la gente se da cuenta. Me habla con sarcasmo, se burla de mí delante de familiares o amigos, y me trata con condescendencia, como si fuera tonta.

Es duro eso, ¿sabes? Caerle mal a tu propia madre. Critica todo lo que hago, mis decisiones le parecen siempre equivocadas. Siempre tiene algo que apuntar cuando comento algo. Antes nos llevábamos bien, pero ahora nada que ver. Echo de menos cómo éramos antes, los ratos que pasábamos juntas. Ahora solo sabemos discutir». Laura, paciente de catorce años.

Según Mary Ainsworth, discípula de Bowly, la adolescencia representa una oportunidad para reforzar o incluso reparar vínculos de apego que puedan haberse debilitado. Aunque tu hijo parezca distante, este periodo es una etapa crucial para mostrarle que el amor y el apoyo son incondicionales, incluso en medio de los momentos críticos.

El vínculo de apego

Los estudios más recientes nos muestran cómo el apego empieza a formarse mucho antes de que nazca el bebé. Durante el embarazo, los papás están ya estableciendo lazos afectivos con su futuro hijo. Le hablan, le ponen nombre, le cantan, le compran ropita y acarician la tripita. Todas estas son formas en las que se establece el apego con el bebé, y que ya pueden sentir antes de nacer. Por eso reconocen la voz de los padres, incluso su olor o el tacto de su piel. Están familiarizados con su padre y con su madre a niveles increíbles: a través de las hormonas y otras sustancias que comparte el feto con la mamá a través de la placenta, y por supuesto a través de los sentidos.

John Bowlby, uno de los pioneros en la teoría del apego, nos explica que este vínculo no es algo que simplemente ocurra, sino que se desarrolla a través de diferentes etapas a lo largo de la vida. Desde los primeros días de vida, donde el bebé busca la seguridad en el calor de los brazos de su madre, hasta la adolescencia, donde ese mismo joven empieza a buscar su independencia, el apego está en constante evolución.

Bowlby describió cuatro fases del apego que nos ayudan a entender cómo este vínculo se forma y se fortalece:

1. **Fase de preapego (0-2 meses):** En esta primera etapa, los bebés muestran comportamientos que buscan atraer la atención y el cuidado, como llorar y sonreír. Aunque todavía no tienen una preferencia clara por una persona en particular, ya están empezando a desarrollar las bases de lo que será un vínculo crucial.

2. **Fase de formación del apego (2-6 meses):** Aquí, los bebés comienzan a mostrar una preferencia por sus cuidadores principales. Reaccionan de manera diferente ante extraños, desarrollando una sensación de confianza en que sus necesidades serán satisfechas por aquellas personas que están más cerca de ellos.

3. **Fase de apego claro (6 meses-2 años):** Durante este periodo, el apego se fortalece. Los bebés forman un vínculo fuerte con sus cuidadores y pueden mostrar ansiedad cuando se separan de ellos. Este es el momento en que se consolida el apego seguro, siempre que las respuestas de los cuidadores sean consistentes y sensibles.

4. **Fase de formación de una relación recíproca (a partir de los 2 años):** A medida que los niños crecen, comienzan a comprender mejor las emociones de sus cuidadores. La relación se vuelve más bidireccional, y los niños aprenden a negociar y esperar, lo que consolida su sentido de seguridad y confianza en el apego.

Por lo general, los padres prestamos mucha atención a estos aspectos durante los primeros años de vida, sobre todo cuando nuestros hijos son bebés. Pero a menudo se nos olvida que tenemos que seguir cuidándolo a lo largo de la vida, no solo durante la primera infancia. Y ser capaces de adaptarnos a lo que nuestro hijo necesita de nosotros en cada etapa de la vida.

Durante la etapa escolar y, especialmente, en la adolescencia, el apego continúa evolucionando. Las experiencias vividas en estas etapas pueden fortalecer o debilitar el vínculo existente, lo que afecta profundamente el desarrollo emocional y social de nuestros hijos.

Para que un vínculo de apego sea seguro, ha de basarse en varios aspectos:

- Disponibilidad: los padres deben estar disponibles física y emocionalmente para atender las necesidades de cuidados y afecto del niño.

- Estable: la relación ha de ser estable y predecible. Padres oscilantes, cambiantes, impredecibles generan un apego inseguro en el niño.

- Tranquilo y seguro: si los padres están tranquilos, calmados y reaccionan desde la tranquilidad, transmiten seguridad al niño. Si por el contrario están angustiados, son muy sobreprotectores o estresados, enviarán el mensaje al niño de que el mundo y las personas son peligrosas.

- Estable: no hay grandes cambios en la relación con el niño, los cuidadores principales no cambian, ni en la forma en que se relacionan con él. Las rutinas convierten el mundo en un lugar estable y seguro.

- Hay respeto, comunicación y afecto. El niño se siente validado, escuchado y reconfortado en sus interacciones con el adulto.

- Sus necesidades básicas están atendidas: comida, sueño, educación, juego y red de apoyo social.

- Se siente amado incondicionalmente por sus padres: no estando este amor vinculado a lo que hace, a sus éxitos académicos o deportivos, ni a atributos físicos. Se siente amado simplemente por ser, por existir.

En adolescentes de alta demanda, el vínculo de apego desempeña un papel aún más relevante. Su sensibilidad emocional e intensidad hacen que necesiten más seguridad y validación de sus padres. Crear un apego seguro con ellos no solo fortalece la relación, sino que también les proporciona herramientas para manejar sus emociones de manera más efectiva

Los tipos de apego

El tipo de apego que desarrollan nuestros hijos durante la infancia marcará la forma en que se relacionan consigo mismos y con los demás a lo largo de su vida. A veces no somos conscientes, pero nuestra manera de responder a sus necesidades emocionales deja una huella que los acompañará hasta la edad adulta.

Existen cuatro tipos principales de apego: **seguro, ansioso, evitativo y desorganizado.** Entenderlos no solo te permitirá conocer mejor a tus hijos, sino también

Apego seguro

Si respondes con cariño, paciencia y coherencia a las necesidades emocionales de tu hijo, es muy probable que desarrolle un apego seguro. Los niños que crecen con este tipo de apego se sienten amados y valorados, lo que les ayuda a confiar en los demás y en sí mismos. De adultos, tienden a tener relaciones sanas, equilibradas y saben manejar bien los conflictos.

Los adolescentes con apego seguro suelen mostrarse equilibrados en sus relaciones. Tienen una buena autoestima, saben expresar sus emociones y no temen pedir ayuda cuando la necesitan. Confían en sus amigos y en nosotros como padres, y aunque valoran su independencia, saben que tienen un lugar seguro al que regresar. Se sienten cómodos con la cercanía emocional y gestionan bien los conflictos.

¿Qué puedes observar?

- Hablan abiertamente sobre sus problemas.
- Tienen amistades estables y relaciones sanas.
- Expresan sus emociones con claridad, sin miedo al rechazo.
- Buscan el equilibrio entre pasar tiempo con la familia y con sus amigos.

Apego ansioso (ambivalente)

Cuando las respuestas hacia el niño son inconsistentes (a veces recibe atención y otras se siente ignorado), puede generarse un apego ansioso. Estos niños suelen crecer con una sensación de inseguridad y buscan constantemente la validación de los demás. En la vida adulta, pueden experimentar miedo al abandono, tener dificultades para confiar en sus parejas y necesitar mucha cercanía emocional.

Estos adolescentes tienden a ser más sensibles al rechazo y muestran una fuerte necesidad de aprobación. Pueden experimentar cambios de humor frecuentes y preocuparse en exceso por lo que piensan los demás. Las relaciones de amistad o pareja a menudo se convierten en una fuente de ansiedad porque temen perderlas. Suelen tener una gran necesidad de cercanía, pero al mismo tiempo sienten inseguridad constante.

¿Qué puedes observar?

- Piden atención de forma insistente y pueden reaccionar con frustración si no la reciben.
- Se sienten inseguros en sus relaciones y temen ser abandonados.
- Muestran celos o dependencia emocional en amistades y parejas.
- Buscan validación constante en redes sociales o a través de logros académicos.

Apego evitativo (rechazante)

Si el niño percibe que sus necesidades emocionales son minimizadas o rechazadas, aprende a protegerse evitando mostrar vulnerabilidad. Los niños con apego evitativo suelen mostrarse independientes, pero en realidad esconden una gran dificultad para conectar emocionalmente. En la adultez, pueden evitar la intimidad y mostrarse distantes en sus relaciones.

Los adolescentes con apego evitativo tienden a mostrarse distantes emocionalmente. Prefieren resolver sus problemas por sí mismos y pueden parecer autosuficientes, pero detrás de esa coraza suele haber miedo a ser vulnerables. Les cuesta expresar lo que sienten y pueden minimizar sus emociones. A menudo, evitan hablar de temas personales y prefieren mantener las relaciones en un plano superficial.

¿Qué puedes observar?

- Evitan conversaciones emocionales o las desvían rápidamente.
- Prefieren pasar mucho tiempo solos o con amigos, pero sin profundizar en sus relaciones.
- Pueden parecer fríos o desinteresados, incluso con la familia.
- Les cuesta pedir ayuda, incluso cuando la necesitan.

Apego desorganizado

Este tipo de apego suele darse en entornos donde el niño vive situaciones confusas, caóticas o incluso de miedo, a menudo causadas por las mismas figuras que deberían protegerlo. Estos niños crecen con emociones contradictorias: desean afecto, pero temen ser heridos. De adultos, pueden tener relaciones inestables y dificultades para gestionar sus emociones.

El apego desorganizado puede manifestarse con conductas contradictorias. Estos adolescentes a menudo muestran confusión en sus relaciones: buscan apoyo, pero al mismo tiempo lo rechazan. Pueden tener cambios de actitud repentinos, pasando de la cercanía al distanciamiento. Las emociones intensas y las dificultades para gestionarlas son frecuentes. A menudo, este apego es una respuesta a experiencias pasadas de trauma o estrés.

¿Qué puedes observar?

- Tienen relaciones caóticas, con rupturas y reconciliaciones constantes.
- Pueden reaccionar de forma impulsiva o agresiva ante situaciones de estrés.
- Muestran miedo al abandono, pero también rechazan el apoyo cuando se les ofrece.
- Las emociones parecen desbordarlos, y a veces se sienten perdidos o fuera de control.

En adolescentes de alta demanda, los tipos de apego pueden manifestarse con mayor intensidad. Por ejemplo, aquellos con apego ansioso pueden mostrar una mayor necesidad de validación y preocuparse excesivamente por decepcionar a los demás, mientras que los adolescentes con apego evitativo pueden parecer más distantes, aunque en realidad buscan protegerse de posibles rechazos.

Es importante recordar que el apego no es una sentencia inamovible. A lo largo de la vida, tanto los niños como los adultos podemos trabajar para construir un apego más seguro.

Criar con conciencia emocional no solo ayuda a nuestros hijos, sino que también nos transforma a nosotros.

«El maestro llega cuando el alumno está listo. Y en este caso, los maestros son nuestros hijos».

Durante la adolescencia es común que este vínculo se debilite. Nuestro hijo se distancia de nosotros y nos puede costar conectar con él. Lo que antes eran nexos de unión y formas de demostrarle nuestro amor (el juego, el contacto físico…) puede que ya no sirva. Tenemos que encontrar nuevas formas de conectar.

CÓMO CREAR UN APEGO SEGURO CON TU ADOLESCENTE

Compartir una afición con tu adolescente es una forma estupenda de tener una excusa para hacer algo juntos. Si no habéis encontrado este *hobbie* compartido durante su niñez, no te preocupes, no llegas tarde. Siempre es un buen momento para buscarlo. Tal vez podáis ir juntos al gimnasio (en esta edad suelen empezar a ir), de compras (nunca falla) o descubrir algo nuevo juntos. Tienes que ser tú el que esté abierto a explorar y compartir, porque si esperas que nazca de él o ella, puede que no pase. Interésate por su mundo, acompáñale a comprar cómics de manga si eso es lo que le gusta, o llévalo al concierto de su grupo favorito (aunque te piten los oídos). El «qué» da igual. Lo importante es tener la oportunidad de pasar tiempo juntos.

Las comidas y viajes familiares suelen ser un motivo de disputa. A ellos no les apetece, y nosotros no sabemos si forzarlos y que vengan sin ganas, o dejarlos a su aire. Yo creo que puede ser interesante pactar unos mínimos: un viaje familiar al año, o en determinadas fechas, y las comidas familiares igual: tal vez pretender que siga viniendo con nosotros a todo no es realista, pero sí al menos un mínimo. Por ejemplo, se cena en familia entre semana y los domingos comemos juntos. El resto del tiempo se le puede permitir que lo haga con amigos o incluso se quede solo en casa. Darles ese espacio e independencia les gustará, pero también transmitirles la necesidad de seguir compartiendo momentos en familia, aunque ya no sean tantos como antes.

Aprender a «estar sin estar»

Personalmente, esto me costaba mucho al principio. Me daba la sensación de que se metían en su cuarto y pasaban horas allí y lo mismo les daba que yo estuviera que no. Pero no es así. El adolescente quiere que estés cerca, pero dándole su espacio. Nos puede parecer extraño, pero las conversaciones no solo con mis hijos, sino también con mis pacientes, me han permitido darme cuenta de cuánto necesitan nuestra presencia, aunque sea en otra habitación de la casa.

Valoran mucho también que estemos atentos a sus necesidades, por nimias o tontas que nos parezcan. Para ellos ahora es muy importante el aspecto físico, por lo que mimarlos un poco en este sentido les encanta. Aumentar el gasto en estos años para modelitos y perfume es realista, porque nos van a pedir muchas cosas. Luego eso se regula, pero en esta etapa para ellos es muy importante. Por supuesto, esto dependerá de cada familia, y de la economía y valores de cada uno, pero flexibilizarse un poco evitará roces y les complacerá enormemente. Además, no conozco ningún adolescente austero. Ellos viven en lo inmediato y, poco a poco, con nuestra ayuda, irán aprendiendo el valor de las cosas y a gestionar su propio dinero.

Te voy a hablar un poco de la teoría de Gary Chapman sobre los lenguajes del amor, ya que creo que es necesario y muchas veces no somos conscientes de que tan importante es amar como saber transmitir ese amor.

Chapman explica que, al igual que los adultos, los niños y adolescentes expresan y reciben amor de diferentes maneras. Comprender estos lenguajes puede ayudarte a fortalecer el vínculo emocional con tus hijos, mejorar la comunicación y cubrir sus necesidades afectivas de forma más efectiva.

Este autor identifica cinco lenguajes del amor: palabras de afirmación, tiempo de calidad, regalos, actos de servicio y contacto físico. Cada niño o adolescente tiene uno o dos lenguajes predominantes, y cuando los padres lo utilizan, el hijo se siente comprendido, valorado y amado de forma auténtica.

1. Palabras de afirmación: Las personas con este lenguaje necesitan escuchar palabras que reconozcan sus logros, expresen cariño o motiven. Frases como «estoy orgulloso de ti» o «te quiero mucho» los llenan emocionalmente. Es fundamental ser sincero y específico, y por supuesto honesto.

2. Tiempo de calidad: En este caso, la atención plena es esencial. Se sienten amados cuando los padres dedican tiempo exclusivo con ellos, para conversar, hacer actividades o simplemente estar juntos sin distracciones. Más que la cantidad, lo que importa es la calidad del tiempo compartido.

3. Regalos: No se trata de materialismo, sino del significado detrás del obsequio. Un detalle inesperado o algo hecho a mano transmite a tu hijo que es importante para ti. Estos adolescentes valoran los gestos simbólicos y los recuerdos significativos.

4. Actos de servicio: Algunos niños y adolescentes sienten amor cuando los padres hacen cosas por ellos, como ayudar con una tarea difícil, preparar su comida favorita o llevarlos en coche alguna vez, aunque puedan ir en bus. Estos actos refuerzan el sentimiento de seguridad y apoyo.

5. Contacto físico: Los abrazos, besos, caricias o simplemente sentarse juntos en el sofá son esenciales para las personas con este lenguaje. El contacto físico les transmite cercanía y afecto, lo que genera calma y conexión.

Reconocer y hablar el lenguaje del amor de cada hijo puede mejorar su autoestima, reducir conflictos y fortalecer la relación familiar. Además, ayuda a que los adolescentes, que atraviesan una etapa de cambios y búsqueda de identidad, se sientan apoyados y comprendidos.

Los adolescentes de alta demanda, con su sensibilidad y tendencia a la introspección, pueden beneficiarse enormemente de que sus padres reconozcan su lenguaje del amor predominante. Por ejemplo, las palabras de afirmación pueden ayudarles a reforzar una autoestima que suele ser frágil, mientras que el tiempo de calidad les proporciona la conexión que tanto necesitan para sentirse seguros y validados.

Observar cómo expresa cariño a los demás puede ser una pista sobre su lenguaje del amor y te permitirá ser consciente de qué es lo que más valora.

Morderse la lengua para cuidar el vínculo

Venimos de una etapa donde nuestros hijos, aún niños, permitían que les diéramos nuestra opinión, consejo u órdenes sobre cualquier cosa. Ahora tienes delante a una personita que ha crecido, empieza a revelar su verdadero carácter, y cuya susceptibilidad está a flor de piel. Hemos de cuidar mucho la comunicación con ellos y empezar a tratarles un poco más de igual a igual. Esto no significa perder autoridad, sino aumentar la sensibilidad con que nos dirigimos a ellos. Por ejemplo, a la hora de opinar sobre su aspecto físico, sus amistades o sus aficiones. Es conveniente que prevalezca el respeto, evitando decirles sin filtro lo primero que nos pase por la cabeza. Mis pacientes adolescentes me cuentan a menudo cómo les duelen las críticas o comentarios de sus padres, hechos sin mala intención, pero también sin ser conscientes de cómo les afectan. «Has engordado, como sigas comiendo así, se te va a poner un culo…», «¿Adónde vas con esas pintas?», «Esa amiga tuya es muy tonta», «Hacen de ti lo que quieren, pareces bobo». Frases de este tipo no son constructivas y salen de nuestra boca sin apenas pensarlo. A mí me ayuda pensar si le diría eso a una persona adulta. Creo que nadie diría esto a un amigo o a su pareja, sin embargo, se lo decimos constantemente a los niños y adolescentes.

Es mejor preguntar antes de dar una opinión: ¿te doy mi opinión sobre…?, o ¿te gustaría saber cómo veo yo eso que me has contado?

También ayuda exponer alguna situación que nosotros hayamos vivido similar y que conecte con lo que nos ha contado o con el tema que queremos abordar con él.

Practicar una comunicación respetuosa es esencial en esta etapa, especialmente con adolescentes de alta demanda. La *dis-*

ciplina consciente sugiere que debemos ser intencionales en nuestras palabras, evitando críticas destructivas que puedan dañar el vínculo y enfocándonos en la empatía y el entendimiento mutuo.

El vínculo de apego que cultivemos con nuestros hijos en la adolescencia no solo influirá en su bienestar presente, sino que moldeará la manera en que se relacionan consigo mismos y con los demás a lo largo de su vida. En el caso de los adolescentes de alta demanda, nuestro apoyo incondicional y nuestra capacidad para comprender su intensidad pueden marcar una diferencia significativa en cómo enfrentan los desafíos emocionales y sociales de esta etapa.

★ ★

CAPÍTULO 5

ESTRATEGIAS PARA PADRES

COMUNICACIÓN EFECTIVA

Seguro que has escuchado la frase de que el 90 % de los conflictos entre personas son por culpa de la comunicación. Estoy bastante de acuerdo con ella. En general, creo que nos comunicamos poco y mal. Damos por sentado a menudo lo que el otro piensa, o distorsionamos sus palabras. Con nuestros hijos adolescentes aún se acentúan más estos problemas, pues el salto generacional y las características que ya hemos visto propias de esta etapa dificultan especialmente la comunicación. Así que tenemos que aprender a comunicarnos, y a hacerlo bien.

La comunicación efectiva es mucho más que un simple intercambio de palabras. Es la herramienta que nos permite conectar emocionalmente con nuestros hijos, entender lo que están viviendo y, a la vez, guiarlos en su desarrollo. Durante la adolescencia, este aspecto se vuelve aún más crucial, ya que es una etapa en la que buscan reafirmar su independencia, pero también necesitan sentirse comprendidos y apoyados.

Como bien dijo el psicólogo y escritor Marshall B. Rosenberg, autor de *Comunicación no violenta*: «La comunicación compasiva nos lleva a redescubrir el poder de la empatía, tanto para escuchar a los demás como para escucharnos a nosotros mismos». En adolescentes de alta demanda, cuya sensibilidad emocional es más marcada, la comunicación efectiva no solo fortalece el vínculo, sino que también actúa como una herramienta para ayudarles a regular sus emociones. Como explica Marshall B. Rosenberg, la comunicación empática nos permite conectar profundamente con sus necesidades, y ayudarles a sentirse escuchados y comprendidos en momentos de tensión.

¿Qué es la comunicación efectiva?

La comunicación efectiva combina habilidades de escucha y expresión para crear un intercambio genuino entre padres e hijos. Esto significa que no se trata solo de hablar, sino de lograr que el mensaje sea claro, respetuoso y significativo para ambas partes. También incluye saber leer las señales no verbales, como gestos, tonos de voz o posturas, que a menudo dicen más que las palabras.

Por ejemplo, un adolescente que responde con monosílabos o evita el contacto visual puede estar mostrando incomodidad o necesidad de espacio. Aprender a interpretar estas señales nos ayuda a adaptar nuestra forma de comunicarnos.

Los pilares de la comunicación efectiva

Escucha activa

Este concepto implica prestar atención de manera intencionada a lo que vuestro hijo está diciendo, sin interrumpir ni preparar mentalmente la respuesta mientras habla. Escuchar activamente significa hacerle sentir que sus palabras importan. No solo se trata de oír, sino de comprender su mensaje.

Por ejemplo, si tu hijo dice: «Me siento fatal porque he sacado mala nota en Matemáticas», en lugar de responder de inmediato con un consejo, practica la escucha activa: «Entiendo que te sientas mal, ¿quieres contarme qué pasó?». Esto demuestra que primero validas su emoción antes de buscar soluciones.

Validación emocional

Validar no significa estar de acuerdo con todo lo que dice o hace, sino reconocer y aceptar sus emociones. Esto refuerza la idea de que sus sentimientos son importantes y legítimos, lo que facilita que se sientan comprendidos y apoyados. Por ejemplo: «Es normal que te sientas enfadado después de lo que ha pasado con tu amigo».

«Una tarde, mi hijo llegó a casa y se encerró en su habitación. Al rato, me acerqué y le pregunté cómo estaba. Me contestó con un seco: "Deja, no pasa nada". En lugar de insistir o presionarlo, decidí decirle: "Te noto un poco serio, si quieres hablar, estaré en la cocina". Al cabo de unos minutos, salió y empezó a contarme que había tenido un mal día porque discutió con un amigo. Practiqué la escucha activa, asintiendo y reflejando lo que me decía: "Eso debió de ser muy incómodo para ti, entiendo que te haya afectado". Él se sintió comprendido y, al final, hasta bromeamos sobre lo dramáticas que pueden ser las discusiones en la adolescencia».

Claridad en el mensaje

Hablar de manera clara y específica evita malentendidos y transmite seguridad. Muchas veces, como padres, usamos frases vagas como: «Tienes que esforzarte más» o «Tienes que ser responsable». En cambio, ser concretos puede marcar la diferencia: «Si te organizas esta semana para estudiar una hora diaria, seguro que te saldrá mejor el examen».

La comunicación no verbal, como el tono de voz, la postura y la expresión facial, juega un papel crucial. Un mensaje positivo dicho con un tono sarcástico o una expresión de impaciencia puede generar el efecto contrario al deseado. Por eso, es importante ser conscientes de cómo transmitimos nuestras palabras.

La diferencia entre oír y escuchar

Imagina que tu hijo entra en casa visiblemente molesto y dice: «He tenido el peor día de mi vida en el instituto». Una respuesta centrada en simplemente oír podría ser: «Pues ya será mejor mañana, venga, ponte a hacer los deberes». Sin embargo, si aplicamos escucha activa y validación emocional, la respuesta podría ser: «Parece que ha sido un día muy difícil. ¿Te apetece contármelo mientras cenamos?». Esta diferencia puede cambiar completamente cómo se siente tu hijo al compartir lo que le ocurre.

Los errores más comunes en la comunicación

- **Minimizar sus sentimientos:** Decir frases como: «No es para tanto» o «Eso no debería preocuparte» invalida sus emociones y puede hacerles sentir incomprendidos.

- **Interrumpir o adelantarse:** Cortarles mientras hablan o asumir lo que quieren decir los desmotiva a expresarse.

- **Dar sermones:** Largos discursos pueden resultar tediosos y desconectar emocionalmente a vuestro hijo.

- **Utilizar un tono crítico:** Frases como: «Siempre haces lo mismo» o «Nunca me escuchas» fomentan la resistencia y el distanciamiento.

«Cuando hablo con mi madre, muchas veces siento que no me escucha realmente. Es como si estuviera esperando a decirme lo que tengo que hacer, en lugar de tratar de entender cómo me siento. Lo que más necesito en esos momentos no es que me den soluciones, sino que me escuche. Solo eso».

Es normal que, en algunos momentos, la comunicación se deteriore, especialmente durante la adolescencia. Lo importante es no rendirse. Si notas que tu hijo se ha cerrado, prueba a decir algo como: «Sé que últimamente hemos discutido mucho y me gustaría cambiar eso. ¿Cómo puedo hacerlo mejor?». Admitir errores como padre no solo es válido, sino que también refuerza la confianza y el respeto mutuo.

La comunicación efectiva no es algo que se logre de la noche a la mañana; requiere práctica, paciencia y un deseo genuino de entender a nuestros hijos. Pero cada esfuerzo cuenta. Como dijo Stephen Covey: «Busca primero entender, luego ser entendido». Aplicar este principio con tus hijos te ayudará a construir un vínculo sólido, basado en el respeto, la empatía y el amor incondicional, ya que a menudo estamos más pendientes de lo que queremos decir que de escuchar.

ESTABLECIMIENTO DE LÍMITES Y NORMAS

Uno de los temas recurrentes que trato en las sesiones de asesoramiento a padres tiene que ver con este punto. En general, andamos algo perdidos. Hemos evolucionado de un estilo autoritario, que era el predominante hace unos años, a uno quizá demasiado permisivo y sobreprotector. Tenemos mucha más información para educar, leemos muchos libros, ponemos el énfasis en la parte emocional y cuidar el vínculo, pero nos despistamos a la hora de poner límites.

Por lo general, detecto en los padres algunas creencias que entorpecen poner límites de manera efectiva. Por ejemplo, la creencia de que van a traumatizar al niño si le dicen que no o le niegan algo que quiere (más común de lo que imaginas), que el niño tiene derecho a elegir y tomar sus propias decisiones, o que basta con decir las cosas (sin entender que un límite sin consecuencias no es un límite).

Los niños no se traumatizan por decirles que no. El NO forma parte de la vida. La frustración por no salirnos con la nuestra o por que las cosas no sean como nos gustaría también. Evitar a los niños la posibilidad de aprender esto es un error. A lo largo de la vida van a experimentar muchas veces frustración, y debemos darles la oportunidad de que la experimenten y aprendan a gestionarla.

Respecto a elegir y tomar sus propias decisiones, ya hablamos sobre esto en un punto anterior, pero como recordatorio: equilibrio. Tendremos que tomar muchas decisiones por ello, e involucrarlos en otras.

¿Qué son los límites y normas?

Los límites son las fronteras claras que establecemos para definir qué es aceptable y qué no en el comportamiento de nuestros hijos. Las normas, por su parte, son las reglas específicas que regulan la convivencia familiar y las responsabilidades individuales. Ambos conceptos son herramientas fundamentales para guiar a los adolescentes en su desarrollo, ayudándoles a diferenciar entre lo correcto y lo incorrecto y preparándolos para las exigencias de la vida adulta.

Pero no todos los límites y normas son igualmente efectivos. Para que sean útiles y bien recibidos, deben ser **razonables, coherentes y adaptados a la edad y madurez** de vuestro hijo. Esto significa que las reglas deben tener un propósito claro, estar relacionadas con los valores familiares y ser aplicables en el día a día.

Ejemplos de normas razonables y coherentes:

- Norma: «Durante las comidas no se utilizan dispositivos electrónicos». Propósito: Fomentar la comunicación familiar y evitar distracciones. Razonabilidad: Es una norma sencilla, entendible y con un beneficio claro para todos.

«Un día, mientras cenábamos, mi hija sacó el móvil y empezó a revisar mensajes. Le dije: "Cariño, recuerda que durante la cena no usamos móviles. Es un momento para desconectar y hablar entre nosotros". Ella respondió: "Pero solo estoy revisando algo rápido". En lugar de entrar en un enfrentamiento, añadí: "Entiendo que quieras responder a tus amigos, pero este tiempo juntos también es importante. ¿Qué te parece si dejamos los móviles en el salón mientras cenamos y después los usamos todo lo que queramos?". Ella accedió, porque tenía sentido y era razonable».

- Norma: «Si quieres salir el sábado por la noche, debes haber terminado tus tareas escolares y ayudado con las responsabilidades de casa». Propósito: Enseñar responsabilidad y gestión del tiempo. Razonabilidad: Es específica, proporcional y deja espacio para la negociación en caso de imprevistos.

- Norma: «Tienes que avisar si vas a llegar más tarde de lo previsto». Propósito: Garantizar la seguridad del adolescente y la tranquilidad de los padres. Razonabilidad: Refleja una preocupación lógica sin invadir su privacidad.

Ejemplos de normas poco razonables o incoherentes:

- Norma: «Tienes que sacar sobresaliente en todas las asignaturas». Problema: Este tipo de regla no tiene en cuenta las capacidades individuales ni los posibles contratiempos. Genera presión innecesaria y afecta la autoestima.

- Norma: «No puedes tener amigos del sexo opuesto». Problema: Limita su desarrollo social y la comprensión de relaciones saludables. Además, es arbitraria y carente de justificación real.

- Norma: «No puedes salir nunca entre semana, pase lo que pase». Problema: Es inflexible y no permite excepciones razonables, como asistir a un evento importante.

- Norma: «Siempre harás lo que yo diga, porque soy tu padre/madre». Problema: Este enfoque autoritario no fomenta la reflexión ni el entendimiento del adolescente, y puede provocar rechazo o rebeldía.

Imagina que tu hijo quiere salir con sus amigos un viernes por la noche, pero está pendiente de entregar un proyecto escolar importante. En lugar de prohibirle salir tajantemente (norma rígida), podrías establecer un límite razonable: «Puedes salir después de terminar el proyecto. Avísame a qué hora vas a llegar y asegúrate de que sea antes de las once y media».

Este enfoque no solo demuestra flexibilidad, sino que también refuerza la idea de que las normas existen para beneficiarlos, no para limitarlos de forma arbitraria. Los límites razonables y coherentes enseñan a los adolescentes a equilibrar su libertad con la responsabilidad, sentando las bases para una convivencia respetuosa y enriquecedora.

¿Por qué son importantes los límites en la adolescencia?

1. Proporcionan seguridad: Aunque los adolescentes a menudo se quejen de las normas, en el fondo les dan un sentido de estructura y protección. Saber que hay límites claros les ayuda a sentirse seguros en un entorno predecible.

2. Fomentan la responsabilidad: Respetar normas y asumir las consecuencias de sus actos les enseña a tomar decisiones más conscientes y responsables.

3. Refuerzan los valores familiares: Los límites son una forma de transmitir los valores que consideráis fundamentales como familia.

4. Preparan para la vida adulta: En el mundo real, existen normas que todos debemos cumplir. Enseñarles a respetar límites desde jóvenes les ayuda a entender y adaptarse mejor al entorno social y profesional.

Cómo establecer límites de manera efectiva

1. Sé claro y específico

En lugar de decir: «Quiero que seas responsable», aclara qué comportamientos esperas: «Necesito que llegues a casa antes de las diez de la noche los días de entre semana». Esto elimina ambigüedades y facilita que vuestro hijo entienda exactamente lo que esperáis de él.

2. Explica el porqué de las normas

Los adolescentes tienden a cuestionar todo, lo que no es malo, ya que refleja su capacidad crítica en desarrollo. Cuando establezcas una norma, explícale su propósito. Por ejemplo: «Quiero que dejes el móvil fuera de la habitación por la noche porque necesitas descansar para rendir bien en el colegio». Esta explicación refuerza la idea de que las normas no son arbitrarias, sino que están diseñadas para su beneficio.

3. Adapta las normas a su edad y madurez

Un adolescente de dieciséis años puede tener más margen de autonomía que uno de trece. Ajustar los límites a su nivel de responsabilidad no solo es justo, sino que también fomenta su confianza en sí mismo.

4. Sé firme pero flexible

Aunque es importante mantener coherencia en los límites, también hay situaciones que pueden requerir excepciones. Por ejemplo, si un adolescente quiere quedarse un poco más tarde en una fiesta porque es un evento especial, podéis valorar su petición siempre que se haya comportado de forma responsable anteriormente.

Imagina que tu hijo pasa demasiadas horas con el móvil. En lugar de imponer una regla estricta sin contexto, prueba este enfoque:

«He notado que últimamente pasas muchas horas con el móvil, y eso puede afectar tu sueño y tu concentración. ¿Podemos hablar sobre cómo organizar mejor tu tiempo?». Esto abre la puerta a un diálogo, en lugar de iniciar un conflicto. «Me gustaría que dejáramos los móviles fuera de la habitación por la noche para descansar mejor. Podemos crear un espacio común para cargarlos, ¿qué te parece?». Involucrarlos en la solución les hace sentir que tienen voz en las decisiones.

Cómo gestionar el incumplimiento de las normas

Es normal que los adolescentes prueben los límites para explorar hasta dónde pueden llegar. En estos casos, es crucial mantener la calma y actuar con coherencia:

1. Evita las amenazas vacías
Si dices: «Si no haces lo que te pido, te quedas sin salir un mes» y no cumples, perderás credibilidad. Es mejor aplicar consecuencias realistas y proporcionadas.

2. Aplica consecuencias inmediatas y justas
Por ejemplo, si no cumple con la norma de llegar a casa a la hora acordada, la consecuencia podría ser restringir las salidas por un tiempo limitado: «Como no respetaste la hora de llegada, este fin de semana no podrás salir».

3. Habla sobre lo ocurrido

Después de aplicar la consecuencia, reflexiona con tu hijo: «Entiendo que querías quedarte más tiempo con tus amigos, pero es importante que respetes los acuerdos. ¿Cómo podemos evitar que esto vuelva a suceder?».

Establecer límites y normas es un acto de amor, no de control. Aunque los adolescentes puedan protestar inicialmente, en el fondo saben que estas reglas existen porque os preocupáis por ellos. Como padres, vuestra misión es construir un equilibrio entre protegerlos y permitirles crecer. La clave está en recordar que cada límite que establecéis con respeto y empatía refuerza los lazos que os unen, preparando a vuestros hijos para afrontar el mundo con confianza y responsabilidad.

La evolución de los límites en la adolescencia

El concepto de *andamiaje*, desarrollado por el psicólogo Lev Vygotsky, nos proporciona una poderosa metáfora para entender cómo los padres acompañamos el desarrollo de nuestros hijos. Este término se refiere al proceso mediante el cual un adulto o guía proporciona apoyo temporal para que un niño o adolescente pueda desarrollar habilidades que, en un principio, no podría manejar por sí solo. A medida que el joven adquiere más competencias y confianza, este «andamiaje» se va retirando gradualmente, y le permite actuar de manera independiente.

En el contexto de los límites y las normas, este andamiaje cobra especial relevancia. Durante la infancia, somos quienes marcamos las pautas de manera clara y directa, y nos aseguramos de que nuestros hijos entienden qué se espera de ellos y por qué. Sin embargo, a medida que crecen y se adentran en la adolescencia, este papel directivo debe transformarse en uno más flexible y colaborativo. La idea no es abandonarlos a su suerte, sino reducir gradualmente nuestro nivel de intervención, permitiéndoles asumir la responsabilidad de sus acciones y decisiones.

En los primeros años, los límites suelen ser más rígidos y están acompañados de explicaciones frecuentes y detalladas: «No puedes cruzar la calle sin mirar porque es peligroso». En esta etapa, los niños dependen completamente de nuestra supervisión para cumplir las normas.

Durante la adolescencia, el andamiaje implica algo diferente. Los límites siguen existiendo, pero los adolescentes necesitan comprender su propósito de manera más profunda para interiorizarlos como parte de sus propios valores. Ya no se trata solo de imponer reglas, sino de ayudarles a reflexionar sobre ellas: «¿Por qué crees que es importante llegar a casa a tiempo? ¿Cómo crees que nos sentimos cuando te retrasas y no sabemos nada de ti?».

Cuando este proceso se lleva a cabo correctamente, los adolescentes empiezan a regular su propio comportamiento, no porque temen una sanción, sino porque comprenden y aceptan las normas como suyas. Por ejemplo, un joven que ha internalizado el valor de la puntualidad probablemente planifique su tiempo para llegar a casa a la hora acordada, sin necesidad de recordatorios constantes, o se responsabiliza de avisar si se retrasa.

El objetivo final del andamiaje es ayudar a nuestros hijos a desarrollar la *autorregulación*, es decir, la capacidad de gestionar sus propias emociones, comportamientos y decisiones de manera autónoma y responsable. Cuando un adolescente internaliza las normas y los límites, estos se convierten en guías internas que le permiten tomar decisiones alineadas con sus valores y responsabilidades.

Por ejemplo, un adolescente que comprende el propósito de limitar el tiempo frente a las pantallas no necesita que sus padres se lo recuerden constantemente. Puede decidir por sí mismo que apagar el móvil a cierta hora le permitirá descansar mejor y rendir más al día siguiente.

El andamiaje requiere paciencia, flexibilidad y confianza en nuestros hijos. Habrá momentos en los que quieran probar los límites o cometerán errores al intentar autorregularse. En estos casos, nuestro papel es acompañarlos para que reflexionen sobre lo ocurrido y aprendan de la experiencia.

Como padres, también debemos aprender a soltar gradualmente ese control. Es un acto de fe en su capacidad de crecer y en nuestro papel como guías. O, como dijo Vygotsky: «Lo que un niño puede hacer con ayuda hoy será capaz de hacerlo por sí mismo mañana».

Recordad que establecer límites y normas no se trata solo de controlar el comportamiento de vuestros hijos, sino de enseñarles a conducirse por la vida con responsabilidad y autonomía. Y, como todo proceso, implica un delicado equilibrio entre sostener y soltar, entre proteger y permitir, hasta que ellos puedan caminar solos con confianza.

«Es que no entiendo por qué mis padres son tan pesados con todo. Siempre es "haz esto", "no hagas lo otro", "acuérdate de esto", y siento como si no confiaran en mí para nada. O sea, entiendo que me quieren y que no quieren que me pase nada malo, pero a veces parece que no se dan cuenta de que ya no soy una niña pequeña. Tengo quince años y ya sé algunas cosas, pero ellos siguen tratándome como si tuviera diez.

Por ejemplo, el otro día salí con mis amigas al centro comercial. Habíamos planeado ir al cine y luego a cenar algo. Nada raro, ¿sabes? Pero mi madre no paraba de escribirme. Primero era para saber si habíamos llegado, luego que qué película estábamos viendo, luego que si ya habíamos cenado… Y, al final, fue para recordarme que no llegara tarde. Yo le contesté al principio, pero luego paré porque, no sé, me daba vergüenza que mis amigas vieran que mi madre me controla tanto.

Al día siguiente, mi padre me dijo que no le parecía bien que no le respondiera a mi madre. Y yo pensé: "Vale, pero es que no puedo estar siempre pendiente del móvil para decirles todo lo que hago cada cinco minutos". Me siento como si no me dejaran respirar.

Lo peor es que, cuando intento hablar con ellos, no me escuchan. Mi madre me dice que es su trabajo preocuparse y mi padre siempre acaba diciendo: "Mientras vivas bajo mi techo, haces lo que yo digo".

Lo único que quiero es que confíen más en mí, que me den un poco más de espacio para demostrarles que puedo manejarme. Y si me equivoco, que no me lo echen en cara con ese típico "te lo dije". No necesito que me lo digan, porque ya sé cuándo me equivoco, y en esos momentos, lo único que quiero es que me apoyen».

Para los adolescentes de alta demanda, los límites y normas deben estar diseñados con especial atención a su sensibilidad e intensidad emocional. Siguiendo el concepto de *andamiaje* de Vygotsky, podemos proporcionarles un marco claro y estable mientras les ayudamos a desarrollar su autorregulación, adaptando nuestra intervención según sus necesidades y capacidades.

Las normas de la casa

Establecer claramente y por escrito las normas de la casa es mucho más importante de lo que parece. Todos pensamos que las normas están claras para toda la familia, pero te sorprendería saber lo que cada uno por separado piensa sobre esto. Hazles la pregunta a tus hijos y tu pareja y lo comprobarás. Por eso te animo a hacer esta dinámica, que aunque pueda parecerte una tontería te aseguro que no lo es.

Una forma efectiva de que las normas de la casa sean respetadas y cumplidas es involucrar a vuestros hijos en su creación. Cuando los adolescentes participan en el proceso, sienten que tienen voz y que sus opiniones son valoradas, lo que aumenta su motivación para seguir las reglas. A continuación, os propongo una dinámica que podéis realizar en familia para establecer las normas del hogar de manera conjunta.

Materiales necesarios:

- Una hoja grande de papel o una pizarra.
- Rotuladores o bolígrafos.
- Notas adhesivas (opcional).

Paso 1: Preparación del ambiente

Reunid a todos los miembros de la familia en un lugar tranquilo y cómodo, como el salón o la mesa del comedor. Explicad que vais a trabajar juntos para definir las normas de la casa y que la opinión de todos es importante.

Por ejemplo, podéis decir algo como: «Queremos que todos estemos de acuerdo con las normas de casa, así que hoy vamos a hacer una actividad para decidirlas juntos. Esto nos ayudará a que todos entendamos por qué son importantes y cómo podemos cumplirlas».

Paso 2: *Brainstorming* sobre necesidades y valores familiares

Empezad hablando sobre las necesidades y valores de la familia. Preguntad a vuestros hijos qué cosas consideran importantes para que todos conviváis mejor. Anotad las respuestas en la pizarra o el papel.

Algunas preguntas que podéis usar para guiar la conversación:

- «¿Qué cosas os ayudan a sentiros cómodos en casa?».
- «¿Qué reglas creéis que necesitamos para que todos podamos convivir bien?».
- «¿Qué cosas son importantes para mantener el respeto entre todos?».

Esto abre un espacio para que vuestros hijos compartan sus puntos de vista, como: «*Que respetemos los turnos para usar el baño*» o «*Que nadie toque las cosas de los demás sin permiso*».

Paso 3: Crear una lista de normas

Basándoos en el *brainstorming*, empezad a crear una lista de normas claras y específicas. Es importante que las normas sean:

- **Claramente definidas:** Evitad reglas ambiguas como «*Comportaos bien*», y optad por algo concreto como «*Hablad sin gritar cuando tengamos desacuerdos*».

- **Realistas y alcanzables:** Aseguraos de que las normas sean razonables para la edad y las capacidades de vuestros hijos.

- **Positivas:** Siempre que sea posible, formulad las normas en positivo. En lugar de «*No dejes todo tirado*», mejor «*Recoge tus cosas después de usarlas*».

Por ejemplo, la lista podría incluir cosas como:

- Avisar si se va a llegar tarde.

- Respetar el tiempo de estudio y descanso de los demás.

- Ayudar con las tareas del hogar según el reparto que hagamos juntos.

Paso 4: Establecer consecuencias justas

Hablad sobre las consecuencias de no cumplir las normas. En este punto, es importante que las consecuencias sean proporcionales, relacionadas con la norma incumplida y aplicadas de manera coherente. Pedidles su opinión sobre qué creen que es justo.

Por ejemplo:

- Si no recogen su habitación, pueden perder el tiempo de pantalla hasta que lo hagan.

- Si no avisan de que llegan tarde, tendrán que estar en casa a una hora más temprana la próxima vez.

Paso 5: Firmar un «contrato familiar»

Para reforzar el compromiso, escribid todas las normas y consecuencias en un papel grande que podáis colocar en un lugar visible, como la nevera o un tablón. Podéis llamar a esto *«El pacto familiar»*. Pedid a cada miembro de la familia que firme al final del documento, como un símbolo de que todos están de acuerdo.

Paso 6: Revisión periódica

Recordad que las normas no son inamovibles. Acordad una fecha para revisarlas juntos y adaptarlas si es necesario. Por ejemplo, podéis decir: *«Dentro de tres meses, revisaremos cómo nos están funcionando estas normas y si necesitamos cambiar algo».*

Durante la dinámica, tu hijo podría decir: *«No me gusta que me pidáis que haga cosas cuando estoy jugando online, porque no puedo pausar el juego».* Esta reflexión podría dar lugar a una norma como: *«Avisar con antelación cuando se necesite ayuda para evitar interrupciones».*

Al final, esta actividad no solo ayuda a establecer normas claras, sino que también fortalece la comunicación y el sentido de equipo familiar. Además, al haber participado en su creación, vuestros hijos serán más propensos a respetar las reglas y entender su propósito.

Las reuniones familiares en la disciplina positiva

La disciplina positiva es un enfoque educativo desarrollado por Jane Nelsen y Lynn Lott, basado en las teorías de Alfred Adler y Rudolf Dreikurs. Esta filosofía se centra en enseñar habilidades para la vida, como la responsabilidad, la cooperación y la resolución de problemas, de una manera respetuosa y alentadora. A diferencia de métodos educativos basados en la imposición o el castigo, la disciplina positiva promueve la conexión emocional, la comunicación efectiva y el desarrollo de competencias sociales y emocionales.

Uno de los pilares fundamentales de este enfoque son las **reuniones familiares**, una herramienta poderosa para fortalecer la relación entre padres e hijos, fomentar el respeto mutuo y encontrar soluciones colaborativas a los desafíos diarios. Estas reuniones no solo ayudan a resolver conflictos, sino que también enseñan habilidades esenciales como la empatía, la escucha activa y la negociación.

Yo me formé en disciplina positiva hace unos años, y este recurso es el que más me ha ayudado en casa.

¿Qué son las reuniones familiares?

Las reuniones familiares son encuentros estructurados donde todos los miembros de la familia tienen la oportunidad de participar, expresar sus opiniones y buscar soluciones a problemas cotidianos. El objetivo principal no es solo resolver conflictos, sino también construir un espacio de confianza donde todos se sientan escuchados y valorados. Estas reuniones fomentan un ambiente de cooperación y responsabilidad compartida, en lugar de una dinámica de poder jerárquico.

Cómo realizar una reunión familiar efectiva:

1. Elige un momento adecuado

Estableced un momento semanal en el que todos podáis participar sin interrupciones. Puede ser después de cenar o un fin de semana por la tarde. Es importante que se trate de un momento relajado y sin prisas, para que todos puedan estar presentes física y emocionalmente.

2. Crea un ambiente positivo

Las reuniones deben ser un espacio seguro y libre de juicios. Evitad que se conviertan en un escenario para reproches o críticas. Podéis empezar con algo positivo, como compartir una noticia alegre, un agradecimiento o algo bueno que haya pasado durante la semana.

Una buena idea es empezar diciendo cada uno algo bueno de otro miembro de la familia.

Por ejemplo: «Quiero agradecerte por ayudar a tu hermana con sus deberes esta semana. Eso fue muy generoso de tu parte».

3. Establece un orden del día

Para que la reunión sea productiva, es útil tener un pequeño orden del día. Este puede incluir:

- Reflexiones positivas (algo bueno que cada miembro quiera compartir).
- Identificación de problemas o temas que discutir.
- Propuestas de soluciones.
- Planificación de actividades familiares o reparto de responsabilidades.

Puedes elegir la figura del «secretario», que será el encargado de apuntar todo. Asegúrate de que se vayan turnando, normalmente a los más pequeños les encanta ser los secretarios.

4. Da a todos la oportunidad de hablar

Es fundamental que cada miembro de la familia tenga un turno para hablar sin interrupciones.

5. Enfócate en soluciones, no en culpas

Cuando se discuten problemas, el objetivo debe ser encontrar soluciones prácticas y respetuosas. Por ejemplo, si el tema es que nadie recoge la mesa después de comer, en lugar de culpar a alguien, podéis decir: «*¿Cómo podemos organizarnos mejor para que esta tarea sea más justa?*».

6. Escribe acuerdos claros

Una vez que lleguéis a acuerdos, escribidlos y colocadlos en un lugar visible, como la nevera. Esto ayuda a que todos recuerden lo decidido y se sientan comprometidos con los acuerdos.

7. Cierra con algo positivo

Al terminar, es importante reforzar el ambiente positivo. Podéis compartir algo divertido, como una anécdota graciosa, un juego rápido o incluso planear algo especial como familia.

Ejemplo de una reunión familiar

Contexto: Los adolescentes de la casa no están cumpliendo con las tareas asignadas y esto genera tensiones.

Desarrollo de la reunión:

- *Introducción positiva:* «Antes de empezar, quiero decir que estoy orgulloso de cómo todos hemos estado colaborando en mantener la casa más ordenada últimamente».

- *Identificación del problema:* «Sin embargo, he notado que a veces se olvidan de algunas tareas. Por ejemplo, el lavavajillas no se vació el martes y las mochilas quedaron en el salón».

- *Propuesta de soluciones:* Los padres y los hijos sugieren un calendario visible donde cada uno pueda marcar sus tareas cumplidas.

- *Acuerdo final:* «A partir de ahora, revisaremos el calendario cada domingo para asegurarnos de que todos estamos cumpliendo nuestras tareas».

Beneficios de las reuniones familiares

- Refuerzan el sentido de pertenencia: Los adolescentes sienten que su voz cuenta y que son parte importante de la familia.

- Fomentan la responsabilidad: Al participar en la búsqueda de soluciones, desarrollan habilidades de organización y resolución de problemas.

- Mejoran la comunicación: Ayudan a evitar discusiones

constantes y a que los conflictos se gestionen de forma respetuosa.

- Fortalecen los lazos familiares: Crean un espacio para compartir momentos de conexión y complicidad.

«Las reuniones familiares se convirtieron en un pilar fundamental en mi dinámica familiar, especialmente después de mi divorcio y la transición a un modelo de custodia compartida. Elegí los domingos por la noche, justo después de cenar, para establecer este espacio de encuentro. Era el día en que mis hijos volvían a casa tras pasar la semana con su padre, y sentí que era un buen momento para conectar con ellos, compartir cómo nos sentíamos y planificar juntos la semana que estaba por empezar.

Al principio tengo que reconocer que no fue fácil. Mis hijos se reían cuando les planteé la idea. "¿Reuniones familiares? ¡Eso suena aburridísimo!". Pero yo sabía que, aunque al principio les pareciera una tontería, podía ser un momento muy positivo para todos.

Poco a poco, estas reuniones se convirtieron en un momento especial. Nos permitían hablar de los temas que nos importaban, resolver pequeños conflictos que habían surgido durante la semana anterior y planificar juntos lo que venía. Si había algún malentendido o algo que nos molestara, era el espacio perfecto para sacarlo a la luz de manera respetuosa, pero también relajada. Lo abordábamos como equipo, buscando soluciones en las que todos estuviéramos de acuerdo.

Lo que más valoré de estas reuniones fue cómo se convirtieron en un espacio de conexión real. A veces me daba cuenta de que, con las prisas y las responsabilidades del día a día, no teníamos tantas oportunidades para hablar con calma y profundidad. Pero en esas reuniones, todos teníamos la palabra. Podíamos expresar cómo nos sentíamos, qué nos preocupaba o qué necesitábamos de los demás. Y lo mejor era que lo hacíamos con mucho humor. Las bromas y las risas siempre estaban presentes, lo que hacía que, incluso en los momentos más tensos, todo fuera más llevadero.

No todo fue perfecto, por supuesto. Hubo domingos en los que estaban cansados o distraídos, y las reuniones eran más rápidas o menos fluidas. Pero incluso en esos días, logramos encontrar un momento de conexión, un ratito para estar juntos y recalibrar como familia. Ahora, mirando hacia atrás, puedo decir que estas reuniones no solo nos ayudaron a organizarnos mejor, sino que también nos acercaron mucho. Nos permitieron construir un ambiente de confianza, donde todos sabíamos que nuestras opiniones y emociones eran importantes».

RESOLUCIÓN DE CONFLICTOS

¿Qué es un conflicto?

Un conflicto es una discrepancia o tensión que surge cuando dos o más personas tienen necesidades, deseos, valores o expectativas que chocan entre sí. Lejos de ser algo negativo por naturaleza, los conflictos son una parte inevitable de las relaciones humanas, y en el caso de la adolescencia, son especialmente frecuentes debido a los cambios propios de esta etapa.

En palabras de Thomas Gordon, psicólogo y autor de *Parent Effectiveness Training*, «los conflictos son inevitables, pero cómo los resolvemos es lo que realmente define la calidad de nuestras relaciones». Este enfoque nos recuerda que no es el conflicto en sí lo que afecta negativamente a las familias, sino la manera en que lo gestionamos.

Hay familias muy discutidoras, donde las peleas forman parte del orden del día, y otras donde las discusiones son algo puntual, que se da solo de vez en cuando. En un hogar donde se discute a menudo, el ambiente es tenso. Hay malas caras, enfados o decepciones que se arrastran durante días y silencios largos. Los padres somos los que realmente tenemos el poder y la responsabilidad de cambiar esto. Recuerda siempre que los adultos somos nosotros, aunque muchas veces nos cuesta asumir eso y culpamos a nuestros hijos de todo, cuando ellos solo son niños o adolescentes haciendo cosas propias de su edad. Tienes la pelota en tu tejado, te guste o no.

Tipos de conflictos en la vida de un adolescente

Durante la adolescencia, los conflictos pueden aparecer en distintos ámbitos de su vida. A continuación, exploramos los más habituales:

Conflictos familiares

Como ya hemos visto, en esta etapa los adolescentes buscan definir su identidad y ganar autonomía, lo que a menudo choca con los valores, normas o expectativas de sus padres. Disputas sobre el uso del móvil, los horarios de llegada a casa, las amistades o incluso las tareas domésticas son ejemplos comunes. Estas tensiones pueden ser agotadoras, pero también nos ofrecen una oportunidad para enseñar habilidades de comunicación y negociación.

«Un viernes por la noche, Javier, de dieciséis años, pidió permiso para quedarse en una fiesta hasta la 1.00 a. m., pero sus padres consideraron que debía estar en casa a las 12.00. En lugar de imponer su decisión sin más, sus padres decidieron explicarle su preocupación: "Entendemos que quieres disfrutar de la fiesta y que todos tus amigos se queden más tiempo, pero nos preocupa tu seguridad. A esta hora hay menos transporte público, y queremos estar seguros de que llegas bien". Javier

argumentó: "Pero no soy el único, mamá. Todos se quedan más tarde, y siempre me hacéis volver antes que los demás". Los padres le propusieron un término medio: "Podemos dejarlo en las 12:30, pero te pedimos que nos mandes un mensaje cuando estés saliendo y que llegues puntual. Si cumples con esto, podemos ir ampliando poco a poco el horario". Javier aceptó, entendiendo que sus padres valoraban su seguridad sin querer limitarlo arbitrariamente».

Conflictos entre hermanos

Los conflictos entre hermanos pueden variar desde discusiones triviales sobre el espacio personal hasta rivalidades más profundas por la atención de los padres. Aunque pueden generar tensiones, también son una excelente oportunidad para aprender a resolver desacuerdos y practicar la empatía.

«Clara, de trece años, entra al salón enfadada porque Álex, de diez años, ha usado su tableta sin pedir permiso. Se siente molesta y afirma que ya le ha dicho varias veces que no toque sus cosas. Álex, desde la cocina, se defiende diciendo que solo fue "por un rato" y que ella nunca le deja usarla.

Clara: ¡Otra vez, mamá! ¡Álex ha cogido mi tableta sin pedírmelo!

Álex: ¡Es que tú nunca me dejas usarla! Solo la cogí un momento.

Madre: [Con calma] A ver, Clara, entiendo que te moleste que Álex use tu tableta sin permiso, y Álex, también entiendo que quisieras usarla. Pero coger cosas sin pedirlas no es la solución.

La madre reúne a ambos y les ayuda a identificar el problema y expresar cómo se sienten. Clara explica que necesita que respeten sus cosas, mientras que Álex confiesa que no sabe cómo pedirle la tableta porque siempre cree que ella dirá que no.

La madre propone una solución: "De ahora en adelante, Álex, si quieres usar la tableta, siempre tienes que pedírselo a Clara antes. Y Clara, intenta decidir si puedes prestársela, pero si no es un buen momento, explícale por qué. Además, podríamos acordar que, si no estás usando la tableta en ciertas horas del día, Álex pueda usarla un rato con tu permiso. ¿Qué os parece?"».

Conflictos con amigos

Las amistades cobran un papel central durante la adolescencia, lo que hace que los conflictos con amigos sean especialmente significativos. Malentendidos, celos o exclusión social son fuentes comunes de tensiones. Aunque los padres no podemos intervenir directamente en estas relaciones, sí podemos guiar a sus hijos para que afronten estos conflictos de manera saludable.

«María, de quince años, llegó a casa muy molesta porque una de sus mejores amigas, Carla, había dejado de contestar sus mensajes tras un malentendido en el grupo de WhatsApp del colegio. Cuando su madre notó su estado de ánimo, le preguntó: "¿Quieres contarme qué te ha pasado?". María explicó: "Carla malinterpretó un comentario que hice y ahora está enfadada conmigo. Le mandé un mensaje para explicarlo, pero ni siquiera me responde". La madre sugirió: "Quizá Carla necesita algo de tiempo para calmarse. ¿Qué te parece escribirle un mensaje más tranquilo, diciendo cómo te sientes y aclarando lo que quisiste decir?". María decidió enviar: "Carla, siento mucho si lo que dije te molestó. No era mi intención, y me gustaría hablar contigo para arreglarlo. Tu amistad es importante para mí". Al día siguiente, Carla le respondió, agradeciendo el mensaje y aclarando el malentendido. Este gesto reforzó la confianza de María en manejar sus conflictos con empatía y respeto».

Cómo abordar los conflictos en el hogar

La forma en que los padres manejamos los conflictos con nuestros hijos puede fortalecer o dañar nuestra relación con ellos. Un manejo adecuado no solo ayuda a resolver el problema puntual, sino que también refuerza el vínculo afectivo y enseña habilidades esenciales para la vida adulta.

Crear un ambiente de respeto y calma

El hogar debe ser un espacio seguro donde las emociones puedan expresarse sin miedo al juicio o al rechazo. Mantener la calma, incluso en situaciones tensas, es fundamental para modelar cómo gestionar conflictos sin recurrir a gritos o actitudes agresivas. Como afirmó Daniel J. Siegel, autor de *El cerebro del niño*, «cuando un adulto mantiene la calma, ayuda a que el cerebro emocional del niño se reorganice y funcione mejor».

Escuchar antes de reaccionar

Uno de los errores más comunes como padres es asumir que entendemos lo que nuestros hijos sienten o necesitan antes de escucharlos. La escucha activa implica prestar atención no solo a las palabras, sino también a las emociones detrás de ellas. Frases como «Entiendo que esto te frustre, cuéntame más» pueden abrir un diálogo en lugar de cerrar la conversación con reproches.

Fomentar el diálogo y la negociación

Resolver conflictos no significa imponer nuestra autoridad, sino encontrar soluciones que respeten las necesidades de ambas partes. Esto no solo reduce la resistencia de los adolescentes, sino que también les enseña habilidades como la empatía, la comunicación asertiva y la resolución de problemas.

Diferenciar entre conductas tolerables e inaceptables

Es crucial establecer límites claros sobre lo que se puede tolerar y lo que no. Mientras que el desacuerdo o la expresión de frustración son normales y deben permitirse, los insultos, la falta de respeto o las conductas agresivas no deben ser ignorados. En palabras de Jane Nelsen, autora de *Disciplina positiva*, «ser firme no significa ser duro; significa ser respetuoso contigo mismo y con los demás».

Los conflictos mal gestionados pueden erosionar el vínculo afectivo entre padres e hijos, pero también pueden fortalecerlo si se manejan de manera adecuada. La clave está en evitar que los desacuerdos se conviertan en batallas de poder. Incluso en medio de una discusión, es importante que nuestros hijos sientan que su relación con nosotros está por encima de cualquier conflicto.

Si la discusión escaló más de lo esperado, es fundamental reparar la relación. Pedir disculpas si nos equivocamos o mostrarnos dispuestos a hablar una vez que las emociones se hayan calmado refuerza la confianza mutua. Por ejemplo, frases como «Lamento haber levantado la voz, lo siento mucho» no solo muestran humildad, sino que también enseñan a los adolescentes la importancia de reconocer sus errores.

«El conflicto puede ser la piedra angular de una relación más fuerte si se maneja con amor y respeto», Harriet Lerner.

Los conflictos son una parte inevitable de la crianza, pero también son una oportunidad para enseñar a nuestros hijos a manejar las tensiones de manera constructiva. Como padres, tenemos la responsabilidad de abordar los desacuerdos con respeto, empatía y paciencia, recordando que lo que realmente importa no es ganar una discusión, sino construir una relación basada en la confianza y el amor. Cada conflicto resuelto con éxito es un paso más hacia un vínculo más fuerte y una lección que nuestros hijos llevarán consigo toda la vida.

El impacto de nuestro estado emocional en los conflictos

Como padres, a menudo olvidamos que nuestra forma de abordar los conflictos está profundamente influenciada por nuestro estado emocional. Cuando estamos cansados, estresados o abrumados por nuestras propias preocupaciones, nuestra capacidad para gestionar las tensiones en casa se ve seriamente afectada. En esos momentos, podemos reaccionar con más dureza, impaciencia o incluso indiferencia, y estas respuestas pueden intensificar los conflictos en lugar de resolverlos.

Es importante recordar que nuestros hijos no solo perciben lo que decimos, sino también cómo lo decimos y la energía emocional que transmitimos. Una voz tranquila y una actitud serena pueden desactivar una situación tensa más rápido que cualquier razonamiento lógico. En palabras de Daniel J. Siegel: «El cerebro de un niño se organiza a partir del estado emocional de sus padres». Si nosotros mostramos calma y autocontrol, les estamos enseñando, más allá de las palabras, cómo manejar sus propias emociones.

Borrón y cuenta nueva: Cada día es una oportunidad

Después de un conflicto, es tentador quedarnos atrapados en el resentimiento, la culpa o la decepción, pero arrastrar esas emociones al día siguiente solo prolonga la distancia emocional y dificulta la reconciliación. Hacer borrón y cuenta nueva cada mañana es un acto de amor y responsabilidad, tanto hacia nuestros hijos como hacia nosotros mismos. Esto no significa ignorar los problemas o minimizar lo ocurrido, sino abordar cada nuevo día con la intención de empezar de cero, dejando atrás los juicios y las tensiones acumuladas.

Un ejemplo de este enfoque podría ser iniciar el día con un gesto de cariño, como un «buenos días» acompañado de una sonrisa o un abrazo, incluso después de una discusión intensa la noche anterior. Este pequeño acto les transmite a nuestros hijos que, aunque puedan equivocarse, el amor que sentimos por ellos no depende de su comportamiento ni de los conflictos que hayamos tenido.

No personalizar: Entender la temporalidad de los conflictos

Uno de los errores más comunes como padres es personalizar los conflictos, interpretando las actitudes desafiantes de nuestros hijos como un ataque hacia nosotros. Sin embargo, la mayoría de las veces, estas conductas son el reflejo de sus propias luchas internas, de su necesidad de independencia o de su dificultad para manejar emociones intensas.

Es crucial recordar que los conflictos con adolescentes son, en su mayoría, transitorios. Lo que hoy parece un muro insalvable puede convertirse en una oportunidad de conexión y aprendizaje con el tiempo. No personalizar significa observar el comportamiento de nuestros hijos con curiosidad en lugar de con juicio, preguntarnos qué hay detrás de esa actitud y cómo podemos acompañarlos mejor en lugar de tomárnoslo como una ofensa personal.

La gestión de los conflictos en el hogar no es solo una cuestión de técnica, sino también de actitud y disposición emocional. Cuando los padres somos conscientes de nuestro propio estado interno y trabajamos en regular nuestras emociones, estamos ofreciendo un modelo poderoso de resiliencia y autocontrol a nuestros hijos.

Hacer borrón y cuenta nueva, mantener una actitud compasiva y evitar personalizar las tensiones son claves para que los conflictos no se conviertan en heridas emocionales. Al final del día, lo que realmente queda es la conexión emocional que hemos construido con nuestros hijos. Y recordar que cada día es una nueva oportunidad para reforzar esa conexión nos ayudará a enfrentar los conflictos con más amor, paciencia y esperanza.

✦ *«A veces siento que mis padres no entienden lo mucho que me afectan nuestras discusiones. Sé que no siempre hago las cosas bien y que puedo ser cabezón, pero cuando discutimos, no es solo el tema del momento lo que me pesa. Es todo lo que se queda en el aire después, lo que no se dice o lo que me voy repitiendo en la cabeza.*

Cuando empiezan a decirme todo lo que hago mal, no puedo evitar sentir que, para ellos, nunca es suficiente. Sé que me quieren, pero en esos momentos se siente como si todo lo que ven en mí fueran mis fallos. Me duele, y no sé cómo decírselo sin que parezca que me hago la víctima. Entonces me callo y aguanto, pero por dentro estoy enfadado y triste a la vez. En esos momentos, siento que no me entienden y que no les importa lo que yo tengo que decir.

Lo que más me molesta es cuando no me dejan explicar mi punto de vista. Es como si ya hubieran decidido lo que piensan y no importara lo que yo diga. A veces solo quiero decirles cómo me siento o qué me llevó a hacer algo, pero me interrumpen o me responden con un "no me vengas con excusas". Eso me hace sentir invisible, como si mi opinión no contara. Y entonces me pregunto: ¿de qué sirve intentar hablar si ya tienen todo decidido?

Después de una pelea, no puedo simplemente actuar como si nada hubiera pasado. Quizá ellos puedan seguir con su día, pero yo no. En el cole, me cuesta concentrarme porque sigo pensando en las cosas que nos dijimos, en si hice algo mal o si ellos tienen razón al pensar que soy un desastre. A veces incluso me pregunto si estarán decepcio-

nados de mí. Ese pensamiento no me deja en paz, aunque finja que todo está bien.

Otra cosa que me duele es el silencio que queda después de discutir. No sé cómo romperlo, y siento que ellos tampoco lo saben. Todo se queda tenso, y aunque quiero que las cosas vuelvan a la normalidad, no sé cómo hacerlo. Me encierro en mi cuarto, pero no porque quiera estar solo, sino porque no sé qué más hacer. Y mientras estoy ahí, me pregunto si ellos también se sienten como yo, pero no se atreven a decirlo.

Lo que me gustaría es que me hablaran sin gritar, que me escucharan aunque no estén de acuerdo conmigo, y que me ayuden a entender qué esperan de mí. No digo que no tengan razón algunas veces, pero cuando todo es reproches, siento que no me dejan margen para mejorar. También quisiera que entendieran que no soy perfecto, pero estoy intentando ser mejor, aunque a veces no lo parezca».

En adolescentes de alta demanda, los conflictos suelen ser más intensos debido a su sensibilidad y reactividad emocional. Como explica Daniel J. Siegel en *El cerebro del niño*, los padres pueden actuar como reguladores emocionales, ayudando a sus hijos a calmarse y reflexionar sobre sus emociones. Esto no solo facilita la resolución del conflicto, sino que también refuerza su capacidad para gestionar futuras tensiones.

CAPÍTULO 6

DESARROLLO DE HABILIDADES PARA LA VIDA

FOMENTO DE LA AUTONOMÍA E INDEPENDENCIA

La sobreprotección es ese instinto que nos impulsa a querer evitarles cualquier dificultad a nuestros hijos. Es intervenir antes de que se caigan, resolverles los problemas antes de que los enfrenten o anticiparse a cualquier frustración que puedan sentir. Aunque a primera vista parece un acto de amor, lo cierto es que este estilo de crianza termina convirtiéndose en el mayor enemigo de su autonomía e independencia.

Detrás de la sobreprotección, a menudo se esconde una mezcla de inseguridad y miedo en nosotros como padres. A veces, sin darnos cuenta, proyectamos nuestras propias preocupaciones en ellos: miedo a que sufran, a que fracasen, o incluso al qué dirán. Queremos evitarles el dolor que quizás nosotros vivimos en nuestra infancia, o creemos que nuestro papel es mantenerlos siempre seguros. Pero esta necesidad de control no solo responde a lo que creemos que es mejor para ellos, sino que también habla de nuestras propias emociones no resueltas.

El problema es que criar desde el miedo, aunque bienintencionado, les manda un mensaje claro: «No confío en que seas capaz». Cada vez que resolvemos por ellos, les privamos de la oportunidad de aprender a gestionar sus propias dificultades, de desarrollar resiliencia y de construir esa confianza interna que solo se forja enfrentándose al mundo.

Tus hijos tienen más recursos de los que crees. También son capaces de hacer por ellos mismos muchas cosas. Y si aún no tienen la capacidad, no lo dudes, tienen el potencial.

Señales de sobreprotección

Señal	Impacto en el adolescente
Resuelves sus problemas.	No desarrolla habilidades para la resolución de conflictos.
Revisas constantemente su agenda.	Dependencia y falta de autonomía.
Evitas que se enfrente a retos.	Baja tolerancia a la frustración.

¿Qué impacto tiene en los hijos la sobreprotección?

Los niños y adolescentes que crecen en un entorno sobreprotector pueden mostrar dificultades para tomar decisiones, gestionar sus emociones o enfrentarse a retos nuevos. A menudo desarrollan una baja tolerancia a la frustración y tienden a evitar las situaciones que perciben como difíciles. No es que no tengan capacidad, es que no han tenido la oportunidad de descubrirla.

Algunos signos que pueden indicar que la sobreprotección está afectando a su autonomía incluyen:

- **Miedo excesivo al error:** Evitan actividades nuevas por temor a equivocarse o fallar.
- **Baja autoestima:** Dependen de la aprobación externa para sentirse valiosos, ya que no han desarrollado una confianza sólida en sí mismos.

- **Dificultades en la resolución de problemas:** Prefieren que otros tomen decisiones por ellos o buscan siempre la ayuda de un adulto ante cualquier obstáculo.

- **Ansiedad o inseguridad:** Al no haber desarrollado herramientas para manejar el estrés, cualquier situación fuera de su zona de confort puede generarles ansiedad.

¿Cómo romper con este patrón?

Como padres, nuestro papel no es evitar que se caigan, sino estar allí para ayudarles a levantarse. Fomentar su autonomía significa confiar en sus capacidades, incluso cuando sabemos que pueden equivocarse. La clave está en acompañar, no en dirigir.

Criar hijos autónomos no significa soltarles la mano, sino enseñarles a caminar solos mientras les recordamos que siempre estaremos cerca, pero que su camino lo construyen ellos.

Por ejemplo, con el tema de los estudios. Estamos pendientes de que se pongan a estudiar, revisamos su agenda o la web del cole a ver qué deberes tienen o cuándo es el siguiente examen, nos convertimos en su secretaria personal. Discusiones y conflictos porque no se ponen a estudiar, son sentamos incluso con ellos… a edades en que pueden ser perfectamente autónomos en el estudio. A partir de los doce o trece años como mucho un niño puede y debe ocuparse de sus estudios de manera independiente. Sin embargo, piensa que todo lo que haces por él impide que tenga la necesidad de hacerlo por sí mismo.

Y ¿cuál es el miedo que se esconde detrás? Miedo a que suspendan. Pero ¿qué es lo peor que puede pasar si suspenden? Nada. Suspender un examen o incluso una asignatura un trimestre es una muy buena lección de vida. Les dará la oportunidad de pensar en qué han fallado, si se han confiado, han dejado todo para última hora o no tienen las técnicas adecuadas de estudio.

Esto no quiere decir que los dejes solos a su suerte, más bien que aprendas mostrarte disponible para ayudarles a organizarse y planificar el estudio (para esto no suelen tener habilidades a estas edades) o ayudarles a repasar para el examen preguntándoles o cosas así. También ofrecerles los apoyos que necesitan: profesor particular, academia, curso de técnicas de estudio… Es decir, brindarles el apoyo y los medios, pero no hacer las cosas por ellos.

Así que olvida mirar su agenda, darles la tabarra para que se sienten a estudiar o repasar si han hecho todas las tareas. Suelta todo eso y créale la necesidad de ser él o ella quien lo haga. Verás como el resultado no es tan catastrófico como imaginas.

Una actividad para evaluar tu grado de intervención en la vida de tus hijos y practica el desapego.

Ejercicio para padres: «Soltar la cuerda»

1. Haz una lista de las cosas que haces por tu hijo diariamente.

2. Marca aquellas que realmente podría hacer él/ella por sí mismo/a (como organizar su mochila, estudiar, resolver pequeños problemas).

3. Durante una semana, comprométete a soltar el control en una de esas áreas. Observa cómo reacciona tu hijo y cómo te sientes tú.

4. Reflexiona al final de la semana: ¿Qué ha cambiado? ¿Cómo se ha enfrentado a los retos? ¿Qué has aprendido sobre tu propio miedo a soltar?

¿Qué es la autonomía personal?

La **autonomía personal** es la capacidad de una persona para tomar decisiones, resolver problemas y gestionar su vida de manera independiente y responsable. No significa que dejen de necesitarte, sino que empiezan a desarrollar las habilidades necesarias para enfrentarse al mundo por sí mismos, con confianza y seguridad. Es un proceso gradual que se construye día a día, a medida que les damos espacio para equivocarse, aprender y crecer.

Enlazando con esto, es importante destacar que el desarrollo de la autonomía personal sienta las bases para habilidades futuras como la gestión del estrés y la toma de decisiones, aspectos que exploraremos en las próximas secciones.

Un adolescente independiente es un adolescente que

- Se siente capaz de afrontar nuevos retos.
- Aprende a manejar la frustración y los fracasos como parte natural del crecimiento.
- Desarrolla una mayor responsabilidad sobre sus actos y decisiones.
- Se adapta mejor a situaciones nuevas y cambiantes.

¿Qué recursos para la vida aporta la independencia personal?

- **Toma de decisiones:** Aprenden a sopesar opciones, asumir riesgos y aceptar las consecuencias de sus elecciones.
- **Gestión emocional:** Al enfrentarse a diferentes situaciones sin depender de otros, desarrollan herramientas para regular sus emociones y resolver conflictos.
- **Organización y planificación:** Desarrollan habilidades prácticas como la gestión del tiempo, el manejo del dinero o el cumplimiento de compromisos.
- **Resiliencia:** La independencia les enseña que los errores forman parte del camino y que pueden levantarse cada vez que caen.

*¿Cómo puedes ayudar a tu hijo adolescente a
desarrollar su autonomía e independencia?*

1. Dales voz en las decisiones que les afectan

Permíteles participar en decisiones familiares o personales. Pregúntales su opinión y muéstrales que valoras lo que piensan. Esto les hace sentir que tienen un papel importante y que sus ideas cuentan.

Si estáis planificando las vacaciones, deja que elija alguna actividad o destino que le interese. Si quiere redecorar su habitación, permítele decidir sobre el color de las paredes o la disposición de los muebles. A veces, simplemente preguntar: «¿Qué opinas tú sobre esto?» les hace sentir que tienen un papel importante y que sus ideas cuentan.

2. Anímalos a resolver sus propios problemas

Aunque la tentación de intervenir es fuerte, deja que busquen soluciones a sus dificultades. Guíalos, pero no les des todas las respuestas. A veces, aprender a través de los errores es lo que más les enseña. Es lo que se llama «aprendizaje por consecuencias».

Por ejemplo, si tiene un conflicto con un amigo, en lugar de darle una respuesta directa o hablar con los padres del otro chico, pregúntale: «¿Cómo crees que podrías solucionarlo?» o «¿Qué te gustaría hacer al respecto?». Ofrécele ideas si lo necesita, ponle algún ejemplo de una situación similar por la que tú hayas pasado y cuéntale cómo la afrontaste, pero deja que sea él quien tome la decisión final.

Cuando tome la decisión, aunque pienses que es incorrecta, respétala. Eso sí, puedes anticiparle las consecuencias, y ya sabiéndolas, que haga lo que considere. Luego vendrá el aprendizaje. Y otra lección casi más importante: has estado ahí, le has respetado y confiado en él, aun sabiendo que se iba a equivocar. La próxima vez confiará aún más en ti, y en tu criterio. Y así se irá forjando una relación en la que tu hijo sabe que puede confiarte tus problemas, que respetarás tus decisiones y que le dirás tus consejos y opiniones de forma respetuosa, basadas en tu experiencia.

En una situación similar, mi hija me dio una gran lección:

«Noa me planteó quedarse otro año a estudiar en Irlanda. A mí me parecía que dos años seguidos fuera era demasiado, por diversos motivos, y me daba la sensación de que quedarse allí obedecía más a una necesidad de no enfrentar los problemas que tendría al volver. Dudé mucho entre imponer mi voluntad (que volviera a casa) o respetar su deseo (quedarse otro curso allí). Al final su padre y yo optamos por respetar su decisión.

Con el pasar de los meses se dio cuenta que se había equivocado. Estaba harta del frío, echaba de menos a su familia y amigos, y el curso se le hizo muy cuesta arriba. Se arrepintió de su decisión y fueron meses muy duros. En una conversación en la que se quejaba y se planteaba incluso abandonar, le argumenté que tenía que ser consecuente y responsable con su decisión. Que nosotros la habíamos respetado porque mostró tanta determinación e insistencia que decidimos apoyarla, aunque no estuviéramos de acuerdo. En ese momento me miró y me dijo: "Mamá, sé que lo has hecho por mi bien, pero cuando veas tan claramente que me voy a equivocar, toma la decisión por mí. Solo tengo dieciséis años"».

Me quedé sorprendida de su razonamiento, y me sentí muy culpable por no haberme impuesto y que, como consecuencia, ella estuviera pasándolo tan mal. Fue una gran lección: respetar sus decisiones está bien, hasta un punto, y en decisiones no demasiado importantes. Pero sigue tu instinto, conoces bien a tu hijo, y aún son inmaduros. En decisiones importantes, valora bien si ceder o imponerte. Es un equilibrio difícil de encontrar.

3. Establece límites claros, pero flexibles

La autonomía no significa ausencia de normas. Las reglas claras les ayudan a sentirse seguros, pero también necesitan cierta flexibilidad para explorar y aprender a autorregularse.

Sé perfectamente que poner límites a estas edades es complicado. Su deseo de libertad es enorme, y se rebelan a menudo ante la autoridad. Pero no por ello debemos rendirnos. Eso sí, firmeza respetuosa siempre. Límites muy claros y consecuencias definidas en las cosas realmente importantes, y mucha mano ancha en todo lo que no es realmente trascendente. Tan importante es una cosa como la otra, encontrar ese equilibrio no es tarea fácil, pero piensa siempre que es mejor no desgastarse demasiado en cosas que, miradas dentro de cinco años, no serían tan serias (el orden en la habitación, las «pintas» que llevan…), y reservar la energía para las que sí lo son.

Es importante distinguir entre tres tipos de conductas:

- Las conductas intolerables. Normalmente son las faltas de respeto y las conductas violentas. Pero es algo subjetivo que debéis establecer los padres, y ser muy concretos. En casa toda la familia debe conocer aquellas normas que son intolerables (gritos, insultos, agresividad…) y las consecuencias que tendrá incumplirlas. Recuerda que un límite no es un límite si no lleva una consecuencia asociada. Por ejemplo, un límite es que debemos llevar el cinturón de seguridad puesto cuando vamos en el coche. Si no lo hacemos, nos ponen una multa (límite y consecuencia). Si no hubiera consecuencia asociada, no sería un límite, sería una elección, pues tú decides si te pones o no el cinturón, ya que no pasa nada si no lo haces.

- Las conductas negociables. Todas aquellas que, siendo importantes, tienen margen de negociación. Hora de llegada a casa, salidas, deberes, si quieren o no hacer extraescolares… Aquí es donde ponemos a prueba su autonomía y aprenden a tomar decisiones y ser responsables, a marcar límites y a negociar.

- .Las conductas intrascendentes. Son todas aquellas que no son realmente importante que adquieran ahora, o que no marcan una diferencia tan significativa en sus vidas: el orden en la habitación, que hagan deporte, que coman sano y un largo etcétera de cosas que son deseables, sin duda, pero que se pueden abordar más adelante. A veces, no nos damos cuenta de la exigencia y presión que ponemos sobre ellos, les pedimos que sean tan perfectos como ni siquiera los adultos lo somos.

«Una paciente mía de unos cincuenta años tenía tres hijos adolescentes. Era una persona muy inteligente y capaz, con mucha energía y determinación, y muy exigente. Sus hijos fueron pasando uno tras otro por mi consulta en diferentes momentos, pero había algo que todos me referían: el excesivo control y exigencia de su madre. Les pedía excelencia académica, supervisaba todas sus tareas, sabía qué y cuándo tenían que entregar, o la fecha de sus exámenes (a su lado yo me sentía muy mala madre, porque nunca supe fecha alguna de los exámenes de mis hijos). Además les obligaba a practicar el deporte que ella consideraba que era mejor para cada uno de ellos, según su criterio. También controlaba que todo lo que comían fuera sano, e incluso los despertaba un domingo a las nueve de la mañana para que dieran un paseo al sol, porque la vitamina D era muy necesaria».

No creo que te cueste imaginar cómo hacía sentir a sus hijos. Ella obviamente lo hacía por su bien, pero el impacto que tenía en ellos era negativo: se sentían controlados, anulados y dirigidos en todo, y eso los llenaba de rabia y frustración. Además, bajaba su autoestima y los hacía sentir inseguros y poco capaces, y con la permanente sensación de no estar a la altura de las expectativas de su madre. Sentían que no eran suficiente, que la defraudaban.

Revisar nuestras expectativas y exigencias es muy importante en esta etapa, donde nos puede confundir verlos tan grandes físicamente, que pensemos que ya son adultos, y les exijamos como tal. Es más, como adultos perfectos.

4. Refuerza su autoestima

Reconoce sus logros, por pequeños que sean. Aplaude su esfuerzo más que el resultado. Cuando sienten que confías en ellos, ganan confianza en sí mismos.

Si ha estudiado mucho para un examen, pero no obtiene la nota que esperaba, en lugar de enfocarte en el resultado, puedes decirle: «Sé cuánto te has esforzado y estoy muy orgullosa de lo que has hecho. Lo importante es lo que has aprendido». Valorar el esfuerzo por encima del resultado refuerza su autoestima y le enseña que el proceso es tan importante como el objetivo.

Luego ya vendrá la parte de valorar a qué se deben esos resultados y buscar soluciones.

Elogios, muchos, sinceros y realistas. Los elogios y halagos son muestras de amor y, además, les devuelven una imagen positiva de sí mismos. Recuerda que en esta etapa están más vulnerables y su autoestima cae en picado. No hay nada de malo en decirles palabras bonitas, recordarles a menudo cosas que nos gustan de ellos y que apreciamos. A todos nos gusta (y necesitamos) escuchar cosas bonitas.

1. Anímalos a asumir responsabilidades

Desde encargarse de pequeñas tareas en casa hasta gestionar su tiempo de estudio o trabajo. Las responsabilidades les enseñan disciplina, organización y el valor del esfuerzo. Dales tareas concretas que estén dentro de sus capacidades. Si se olvida de preparar su mochila para el día siguiente, en vez de hacerlo por él, recuérdale: «Mañana tienes gimnasia, revisa si tienes todo listo». También puedes pedirle que saque la basura, prepare su almuerzo o se encargue del cuidado de una mascota. Es importante que participen de las tareas del hogar y sepan exactamente cuáles tienen asignadas, esto evitará fricciones.

Se quejarán, te dirán siete veces «ya voy», y lo harán de mala gana. Pero lo harán. Eso sí, sin dramas. Que saque la basura no puede convertirse en motivo de conflicto diario, reproches o gritos. La autoridad no necesita nada de todo eso, simplemente firmeza. Si no ha sacado la basura, no sale, o no le das la paga, o cualquier otro gesto (calmado, sereno, sin reproches) que le deje claro que, hasta que no cumpla con sus obligaciones, no habrá privilegios.

2. Sé su red de seguridad

Es fundamental que sepan que estás ahí si lo necesitan. La autonomía se construye sabiendo que tienen un lugar seguro al que acudir, sin miedo al juicio ni a las críticas.

Es más fácil exponerse si sabes que, si te equivocas, vas a tener el respaldo de tus padres. Ojo, eso no quiere decir que vayamos corriendo a enmendar sus errores. Significa que seremos su hombro sobre el que llorar, oídos para escucharles y estaremos ahí para ayudarles a recomponerse y aprender de los errores.

Así que si comete un error o toma una mala decisión, evita frases como «Te lo dije». En su lugar, puedes decir: «Todos nos equivocamos, lo importante es aprender. ¿Qué crees que podrías hacer diferente la próxima vez?». Así sabe que puede acudir a ti sin miedo a ser juzgado. Saber que tiene un lugar seguro al que volver, incluso cuando falla, le da la confianza para seguir avanzando.

«Es más fácil arriesgarse a saltar si sabes que debajo hay una red de seguridad».

Estos pequeños gestos, repetidos a lo largo del tiempo, les ayudan a construir confianza en sí mismos y a desarrollar las herramientas necesarias para enfrentarse al mundo con mayor seguridad y madurez. Al final, criar con amor y paciencia significa acompañar desde el respeto, permitiéndoles crecer a su ritmo, pero siempre con la certeza de que estaremos ahí cuando lo necesiten.

La autonomía personal no se desarrolla de la noche a la mañana. Es un proceso que requiere paciencia, confianza y mucho cariño. Al final, el objetivo no es criar hijos que dependan de nosotros, sino jóvenes capaces, seguros y preparados para enfrentarse al mundo con sus propias herramientas.

GESTIÓN DEL ESTRÉS Y LA ANSIEDAD

Los datos recientes son alarmantes: según un estudio de 2023 realizado por la Sociedad Española de Psiquiatría Infantil, el 30 % de los adolescentes reportan síntomas de ansiedad, mientras que un 20 % experimenta estrés crónico relacionado principalmente con la presión académica. Además, el impacto de las redes sociales y la constante comparación con los demás son factores que han intensificado este fenómeno. A esto se suma la falta de herramientas emocionales para gestionar estas demandas, lo que deja a muchos adolescentes en un estado de vulnerabilidad constante.

Parte de mi actividad profesional es impartir formaciones en colegios e institutos. Un taller que doy mucho a chavales adolescentes es sobre gestión del estrés y la ansiedad. Normalmente, son chavales de primero y segundo de Bachillerato, donde la presión por los exámenes, las notas y las pruebas de acceso a la universidad es enorme. En esos cursos aprendo mucho de ellos, de los pocos recursos que tienen para manejar la presión, del poco conocimiento emocional. La educación emocional debería estar al alcance de todos, y desde la niñez, porque marca una diferencia significativa en la manera del mundo, de verse a ellos mismos y de conducirse de la mejor manera.

En nuestra sociedad el estrés y la ansiedad se han vuelto compañeros de vida. ¿Quién de nosotros no lo experimenta a menudo o incluso ha sufrido algún trastorno de ansiedad? Nuestros hijos, expuestos a la complejidad del mundo que los rodea, siguen nuestros pasos. Cada vez a edades más tempranas veo niños y adolescentes con ansiedad, la cual se puede manifestar de diferentes formas.

El cerebro adolescente, aún en desarrollo, enfrenta el estrés de manera distinta al cerebro adulto. Esto se debe a que la corteza prefrontal, responsable de funciones como la toma de decisiones y el control emocional, no madura completamente hasta los veinte años. Por otro lado, el sistema límbico, encargado de las respuestas emocionales, está en su punto más activo. Esta combinación hace que los adolescentes sean más impulsivos y reactivos ante el estrés, lo que explica por qué pueden sentirse abrumados más fácilmente por situaciones que, para un adulto, parecen menores.

En el caso de los adolescentes de alta demanda, el estrés y la ansiedad pueden ser aún más frecuentes e intensos debido a su alta sensibilidad y a su tendencia a percibir los estímulos externos de manera más profunda. Estos jóvenes suelen ser perfeccionistas, lo que los lleva a autoexigirse en exceso y a sobrepensar las situaciones, lo que incrementa su nivel de ansiedad. Además, la combinación de una mente activa y una alta reactividad emocional puede hacer que se sientan desbordados más rápidamente, y necesiten estrategias específicas para aprender a regular sus emociones y gestionar el estrés.

Empecemos por entender las diferencias entre estrés y ansiedad.

¿Qué es el estrés?

El **estrés** es una respuesta psicofisiológica del cuerpo ante demandas o situaciones del entorno que sentimos que exceden los recursos que tenemos para manejarlas. Es decir, ocurre cuando percibimos que no tenemos las herramientas suficientes para afrontar lo que nos está pasando. En pequeñas dosis, puede ser adaptativo y motivador, pero cuando es constante o desproporcionado, afecta negativamente a nuestra salud física y emocional.

Esta reacción activa diferentes sistemas del cuerpo, preparando a nuestro organismo para responder.

Es importante entender que no todo el estrés es negativo. El estrés agudo, por ejemplo, es una respuesta inmediata y puntual ante un desafío, como prepararse para un examen o hablar en público. Este tipo de estrés puede incluso ser útil, ya que activa nuestro cuerpo y mente para responder a la situación. Sin embargo, cuando el estrés se vuelve crónico —es decir, persiste durante semanas o meses sin resolverse—, comienza a generar un impacto negativo en la salud física y emocional. En los adolescentes, este tipo de estrés prolongado puede manifestarse en problemas de sueño, cambios en el estado de ánimo e incluso somatización, como dolores de cabeza o malestar estomacal.

Cuando un adolescente experimenta estrés, su cuerpo libera hormonas como el **cortisol** y la **adrenalina**, preparando el organismo para enfrentar la situación. Esto provoca:

- Aceleración del ritmo cardiaco y respiración más rápida.
- Tensión muscular.
- Aumento de la alerta mental.

A nivel mental, el cerebro entra en un estado de **hiperactividad**, lo que puede hacer que el adolescente piense constantemente en el problema o se sienta incapaz de relajarse. Con el tiempo, este estado puede generar dificultades para dormir, falta de concentración y agotamiento emocional.

¿Cómo se manifiesta el estrés en adolescentes?

A diferencia de los adultos, los adolescentes muchas veces no saben identificar o comunicar que están estresados. En su lugar, lo expresan a través de cambios en su comportamiento, emociones o incluso en su cuerpo. Algunos síntomas que pueden indicar que tu hijo está experimentando estrés incluyen:

- Irritabilidad o cambios bruscos de humor.
- Fatiga constante o falta de energía.
- Dificultades para concentrarse o bajo rendimiento escolar.
- Dolores de cabeza o de estómago frecuentes.
- Problemas de sueño (insomnio o dormir demasiado).
- Aislamiento o pérdida de interés en actividades que antes disfrutaba.

¿Qué genera estrés en los adolescentes?

El estrés en nuestros hijos está muy relacionado con su estilo de vida. Una agenda sobrecargada, poco tiempo de descanso, una exposición excesiva a pantallas o redes sociales y la falta de espacios de desconexión pueden agravar su sensación de estrés. Además, la falta de herramientas para regular sus emociones puede intensificar esta respuesta, y llevarlos a sentirse desbordados más fácilmente. Los principales factores que pueden generar estrés en esta etapa son:

Factores que generan estrés	Descripción	Cómo pueden intervenir los padres
Presión académica	Altas expectativas de rendimiento en exámenes y tareas escolares.	- Fomentar una visión realista sobre el esfuerzo y los resultados. - Ayudar a organizar y planificar el estudio.
Relaciones sociales	Dificultades con amigos, exclusión o conflictos en el grupo.	- Escuchar sin juzgar. - Ofrecer consejos prácticos si se solicita. - Animar a actividades sociales positivas.
Autoimagen y redes sociales	Comparación constante con estándares poco realistas en redes sociales.	- Hablar sobre los efectos de las redes en la autoestima. - Fomentar el pensamiento crítico sobre lo que ven.
Expectativas familiares	Miedo a no cumplir con lo que los padres esperan de ellos.	- Asegurarles que su valor no depende de los logros. - Establecer metas y expectativas claras y razonables.
Cambios físicos y hormonales	Transformaciones corporales que afectan su percepción y estado emocional.	- Validar sus emociones. - Ofrecer información sobre los cambios naturales.
Exposición excesiva a pantallas	Falta de tiempo de desconexión y descanso debido al uso excesivo de dispositivos electrónicos.	- Establecer límites para el uso de pantallas. - Fomentar actividades físicas y al aire libre.
Eventos familiares importantes	Divorcio, mudanza o pérdida de un ser querido.	- Brindar apoyo emocional constante. - Hablar abiertamente sobre los cambios y permitir la expresión de emociones.

Factores que generan estrés	Descripción	Cómo pueden intervenir los padres
Bullying o acoso escolar	Maltrato físico, emocional o social en el ámbito escolar.	- Estar atentos a señales de alerta. - Comunicarse con el centro escolar. - Empoderar a sus hijos para poner límites.
Autoexigencia elevada	Expectativas irreales que los adolescentes imponen sobre sí mismos.	- Enseñarles a valorar el esfuerzo más que el resultado. - Promover la autocompasión y el equilibrio.

Los estudios nos hablan de algunos detonantes especialmente relevantes:

1. La muerte de un ser querido muy cercano.

2. La separación o divorcio de los padres.

3. Tener algún familiar muy cercano con una enfermedad crónica.

4. Sufrir *bullying*.

5. Mudarse de ciudad o cambios de colegio.

«Recuerdo a Paula, una chica de dieciséis años que llegó a consulta con un cuadro de ansiedad que no solo le afectaba emocionalmente, sino también físicamente: dolores de cabeza, insomnio y una sensación constante de agotamiento. Paula describía su vida como una carrera de obstáculos interminable: exámenes, expectativas, redes sociales y la sensación de que, por más que se esforzara, nunca era suficiente. "Es como si siempre estuviera a punto de caer, pero no puedo detenerme", decía con lágrimas en los ojos. Trabajamos juntas en estrategias para identificar sus fuentes de estrés y encontrar

momentos para desconectar. Poco a poco, Paula aprendió que cuidarse no era un lujo, sino una necesidad, y que no tenía que llevar todo el peso sola. Su testimonio me recuerda la importancia de enseñarles a nuestros hijos a escuchar su cuerpo y a entender que su bienestar emocional es tan importante como cualquier logro académico».

Veamos ahora las diferencias con la ansiedad, ya que a menudo tendemos a confundirlos:

La ansiedad

La ansiedad es una respuesta emocional y física a una situación que percibimos como amenazante o peligrosa, aunque, en muchos casos, esa amenaza no sea real o no sea tan grave como la mente la interpreta. Es una sensación de inquietud, nerviosismo o preocupación excesiva que se desencadena cuando sentimos que no tenemos el control sobre lo que está ocurriendo o que algo malo va a suceder. La ansiedad, al igual que el estrés, puede ser útil en pequeñas dosis, porque nos prepara para enfrentar situaciones difíciles, pero cuando se intensifica o se cronifica, empieza a afectar nuestra salud física y emocional.

Cambios físico-químicos y mentales durante la ansiedad

Cuando se experimenta ansiedad, el cuerpo entra en modo de **alerta constante**. A nivel físico, el cerebro activa el sistema nervioso simpático, liberando **cortisol** y **adrenalina**, lo que provoca una serie de reacciones:

- **Tensión muscular**, especialmente en la mandíbula, cuello y hombros.
- **Palpitaciones** o aumento de la frecuencia cardiaca.

- **Respiración superficial** y acelerada, que puede llevar a sensaciones de ahogo.
- **Sudoración** excesiva.

A nivel mental, la ansiedad puede desencadenar **pensamientos acelerados**, catastrofistas o de anticipación negativa, lo que provoca un ciclo de preocupaciones que parecen no tener fin. Esto puede llevar a dificultades para concentrarse, tomar decisiones o incluso a un bloqueo emocional, donde la mente se siente incapaz de encontrar una salida.

El cesto de la ansiedad

Hemos comentado que la ansiedad es una respuesta normal y adaptativa, pero cuando se presenta en alguna de estas formas estaríamos hablando de trastorno de ansiedad. El «cesto» de la ansiedad es amplio, ya que incluye diferentes problemas y que tienen distintas sintomatologías. En la adolescencia, donde las emociones son intensas y el mundo puede sentirse abrumador, es fundamental que puedas **identificar las señales** y entender las distintas formas en las que la ansiedad puede manifestarse.

El **DSM-V-TR** (Manual Diagnóstico y Estadístico de los Trastornos Mentales) clasifica los trastornos de ansiedad en diferentes categorías. A continuación, te explico de forma sencilla los más relevantes para que puedas comprender lo que puede estar experimentando tu hijo.

1. Trastorno de ansiedad generalizada (TAG)
Imagina que tu hijo vive en un estado constante de preocupación. Se preocupa por su rendimiento académico, por sus amigos, por su apariencia, incluso por cosas que parecen insignificantes o fuera de su control. Esta preocupación no desaparece y va acompañada de síntomas físicos como fatiga, tensión muscu-

lar, irritabilidad o dificultades para concentrarse. Los adolescentes con TAG sienten que no pueden apagar su mente.

Señales en casa: Tu hijo puede preguntarte repetidamente por situaciones cotidianas o anticipar el peor escenario en cualquier circunstancia. Tiene una alta necesidad de control, y te hace muchas preguntas para tratar de anticipar las situaciones. Son muy características las rumiaciones, que son pensamientos obsesivos, intrusivos: una mente siempre activa y en tensión.

«Mucha gente aún se sorprende de que los niños o adolescentes puedan sufrir trastornos de ansiedad. Creen que está reservada a los adultos. Pero nada más lejos. Y en cifras que van en aumento año tras año, y cada vez a edades más tempranas. En la consulta tenemos un porcentaje alto de estos casos, y cada vez se presentan a edades más tempranas y de más gravedad».

2. Trastorno de pánico

Este tipo de ansiedad aparece de forma súbita y abrumadora. Tu hijo puede experimentar episodios de miedo intenso, acompañados de síntomas físicos como palpitaciones, dificultad para respirar, mareos o sensación de perder el control. Aunque los ataques de pánico pueden durar solo unos minutos, el miedo a que vuelvan a ocurrir puede generar una ansiedad constante.

Señales en casa: Evita ciertas situaciones o lugares por temor a que vuelvan los ataques. Puede ser que tu hijo pida estar cerca de ti o que evite quedarse solo. Está muy pendiente de sus síntomas físicos relacionados con la ansiedad.

3. Fobia social (ansiedad social)

Si tu hijo evita situaciones sociales o siente un miedo intenso de ser juzgado, criticado o humillado, es posible que esté experimentando ansiedad social. A menudo, los adolescentes con este trastorno se sienten inseguros al hablar en público, participar en clase o incluso interactuar con amigos. Es más que timidez; es un miedo que limita su vida social y académica.

Señales en casa: Tu hijo evita actividades grupales, finge estar enfermo para faltar a eventos sociales o se aísla después de situaciones que le generan vergüenza. Le cuesta mucho hacer recados o gestiones solo, pide tu ayuda o que lo acompañes, y lo ves inseguro o vergonzoso en las interacciones sociales.

«Veo muy a menudo fobia social en adolescentes. No es tan común en niños. Sobre todo en jóvenes que son tímidos o introvertidos. Les interfiere significativamente en todas las áreas, pero sobre todo en la social, que es precisamente la más importante para ellos en esta época de la vida. Sufren mucho, se sienten inhábiles socialmente y tienen baja autoestima».

4. Trastorno de ansiedad por separación

Aunque es más común en la infancia, algunos adolescentes también pueden experimentar ansiedad por separación de sus padres o figuras de apego. Pueden preocuparse excesivamente por la seguridad de sus padres o sentir angustia al separarse de ellos. Este trastorno suele intensificarse después de experiencias difíciles, como una pérdida o una mudanza.

A estas edades, además de ser muy limitante, conlleva sentimientos de culpa y vergüenza.

Señales en casa: Tu hijo puede resistirse a dormir fuera de casa, quedarse solo o irse de excursión.

5. Trastorno obsesivo-compulsivo (TOC)

El TOC se manifiesta con pensamientos intrusivos y repetitivos (obsesiones) que generan ansiedad. Para aliviar esta ansiedad, el adolescente realiza rituales o comportamientos repetitivos (compulsiones). Aunque es más conocido por comportamientos como el lavado excesivo de manos o la verificación constante de cosas, el TOC puede manifestarse de muchas formas, como pensamientos indeseados o miedos irracionales.

Es un trastorno más común de lo que pensamos en la infancia y la adolescencia, y suele tardar bastante en detectarse pues son conscientes de lo extraño de sus obsesiones o compulsiones y tienden a ocultarlas. También es frecuente que las normalicen.

Señales en casa: Tu hijo puede pasar mucho tiempo en rituales o insistir en que las cosas deben hacerse de una manera específica, y si no se cumplen, puede sentirse muy angustiado.

«El TOC aparece muchas veces en niños y adolescentes, pero con un pronóstico más favorable que si ya se detecta en la edad adulta. Normalmente está asociado a números mágicos, rituales mentales (repetir una palabra o frase) o con el miedo al contagio y enfermedad. También he visto casos donde tienen pensamientos intrusivos violentos (hacer daño a alguien, generalmente) que los asustan mucho. Es un trastorno que con el tratamiento adecuado tiene una tasa de remisión muy alta, pero sin él, desgraciadamente, tiende a cronificarse. Aparece muchas veces asociado a otros trastornos de ansiedad».

6. Fobias específicas

Algunos adolescentes desarrollan miedos intensos hacia situaciones concretas, como volar, las alturas, los animales o ciertos entornos. Aunque es natural tener ciertos temores, en las fobias específicas el miedo es tan extremo que afecta su vida diaria.

Señales en casa: Tu hijo evita rotundamente lo que le genera miedo, incluso si eso significa perderse actividades importantes.

«Una fobia específica poco conocida, pero más común de lo que podrías pensar en niños, es la emetofobia (fobia

¿Por qué la ansiedad es más frecuente en adolescentes de alta demanda o alta sensibilidad?

En los adolescentes de alta demanda o altamente sensibles, la ansiedad suele ser más frecuente debido a su mayor nivel de alerta y sensibilidad a los estímulos externos. Estos adolescentes tienen una mente más activa y una profunda capacidad de anticipar lo que podría salir mal, lo que puede llevarlos a sobrecargarse emocionalmente. Son más propensos a experimentar preocupaciones intensas, ya que su sistema nervioso procesa las emociones con mayor intensidad. La autoexigencia elevada y la tendencia a sobrepensar también aumentan la ansiedad, ya que se sienten responsables de todo lo que los rodea y temen que no puedan cumplir con las expectativas, ya sean propias o ajenas.

¿Qué podemos hacer los padres para ayudarles a gestionar el estrés y la ansiedad?

Fomentar un estilo de vida equilibrado, que incluya momentos de descanso, actividades físicas que liberen tensiones y espacios para relajarse mentalmente, es fundamental para que nuestros hijos aprendan a gestionar la ansiedad. Reconocer y validar sus sentimientos, además de enseñarles técnicas de respiración, *mindfulness* o gestión del estrés, serán herramientas que les ayudarán a regularse y aumentarán su tolerancia al estrés.

Factores de protección

Los psicólogos usamos mucho dos conceptos en terapia: factores de riesgo y factores de protección. Los factores de riesgo para cualquier problema de salud mental generalmente se componen de la predisposición genética (una tendencia con la que nacemos a desarrollar ciertas patologías), el estilo de personalidad, el ambiente, el estilo de vida, etc.

Los factores de protección, por su parte, son aquellas herramientas, comportamientos o apoyos que nos ayudan a afrontar las circunstancias y nuestro estado emocional de manera más efectiva, reduciendo su impacto negativo y favoreciendo el bienestar emocional.

1. Un vínculo emocional seguro

El factor de protección más importante es una relación afectiva sólida. Los adolescentes que se sienten respaldados emocionalmente por sus padres tienen una mayor capacidad para enfrentar situaciones estresantes. Saberse queridos y apoyados les da la confianza para afrontar los retos con una mayor sensación de seguridad. No se trata de intervenir en cada dificultad, sino de que sientan que tienen un refugio al que pueden recurrir cuando lo necesiten. Es fundamental fomentar una comunicación abierta y sin juicios, donde puedan expresar sus emociones sin temor a ser criticados.

El hogar debe ser un lugar seguro. Tranquilo, agradable. Un refugio. Para ellos su habitación también lo es. Ocuparnos de crear un buen clima familiar es fundamental, pues unos padres estresados, malhumorados o cansados transmitirán eso a toda la familia. Aquí el autocuidado de los padres se vuelve especialmente relevante. Cuida de ti, reserva tiempo para estar a solas, para tus *hobbies*, para la pareja. Trabaja en tus propias emociones. Cuanto mejor estés tú, mejor madre o padre serás. No puedes estar disponible emocionalmente para lidiar con un adolescente si no estás bien.

Cuida también el espacio físico. Un entorno agradable, ordenado y limpio invita al relax, apetece estar en casa. Convierte tu hogar en un lugar donde apetece estar, que invita a compartir y descansar.

2. Fomentar la autonomía

Darles espacio para tomar decisiones y ser responsables de sus acciones ayuda a los adolescentes a desarrollar un sentido de control sobre su vida, lo que les da una mayor sensación de competencia y reduce la ansiedad. La autonomía no significa desentenderse de ellos, sino guiarlos para que tomen decisiones acertadas y aprendan de sus errores. Este sentido de control les ayuda a gestionar el estrés porque sienten que son capaces de influir en su entorno, en lugar de sentirse desbordados por él.

3. Establecer rutinas y límites claros

Las rutinas diarias y los límites claros proporcionan estructura y previsibilidad, dos elementos esenciales para reducir la sensación de incertidumbre y falta de control. Los adolescentes necesitan saber lo que se espera de ellos y cómo organizarse, sin que eso implique una presión excesiva. Establecer tiempos para estudiar, descansar, hacer ejercicio o simplemente estar en familia les ayuda a encontrar un equilibrio entre sus responsabilidades y su tiempo personal. Esto es complejo de llevar a cabo, sobre todo si se lo imponemos, pues a las personas en general no nos gusta que nos impongan las cosas, y nuestra respuesta natural muchas veces es la oposición o resistencia. Tienes que encontrar la forma de animar, invitar y aconsejar sin que parezca que le impones o controlas.

4. Fomentar el autocuidado y el descanso

Es fundamental que nuestros hijos aprendan a priorizar su bienestar físico y emocional. Un buen hábito de descanso, una alimentación equilibrada y la práctica regular de ejercicio son elementos esenciales para reducir el impacto del estrés. Como padres, podemos enseñarles la importancia de desconectar de la tecnología, hacer actividades que les relajen, como leer, meditar o pasear, y asegurarnos de que no sacrifican el sueño por otras actividades. El descanso es un pilar clave para una mente y un cuerpo resilientes, y un gran campo de batalla en casi todas las casas con hijos en esta edad. El móvil no ayuda, se quedan enganchados hasta altas horas y arrastran sueño. Además de que la falta de sueño afecta al rendimiento escolar, tiene un impacto muy grande en el estado de ánimo. Todos saben que, después de una noche de descansar poco o mal, estamos más irritables al día siguiente, malhumorados y sensibles. Puedes marcar una hora de fin de tecnología, e incluso poner la norma de que los dispositivos duermen fuera de la habitación (¡la tableta también!).

5. Establecer una red de apoyo social

Los adolescentes que tienen relaciones sociales positivas, tanto con amigos como con adultos de confianza fuera del círculo familiar, tienen un mayor sentido de pertenencia y apoyo. Esto les permite compartir sus preocupaciones, obtener diferentes perspectivas y sentirse acompañados en momentos difíciles. Ayudarles a construir relaciones saludables con compañeros y adultos que promuevan su bienestar y que sepan cómo brindarles apoyo emocional puede ser un gran factor de protección frente al estrés.

Promover actividades con padres que tengan hijos de la misma edad, con familiares, etc., enriquece su círculo. Aquí nos encontraremos su oposición muchas veces, porque huyen de este tipo de planes, pero de vez en cuando podemos insistir y, aunque vayan a regañadientes, seguro que después disfrutan.

Ser un buen modelo también es muy importante, enseñarles a cuidar a sus amigos, a aceptar a cada persona con sus errores y limitaciones, y ser empático y generoso con los demás les ayudarán a establecer relaciones profundas de amistad.

Por otro lado, la figura del psicólogo es importante. No hace falta que tu hijo esté fatal para que lo lleves al psicólogo. Sobre todo para chicos y chicas más tímidos o reservados, o cuando la relación con los padres pasa por una etapa de alejamiento o conflicto, el psicólogo puede ser una figura de apoyo muy relevante.

6. Validación emocional y empatía

Finalmente, es crucial que, como padres, seamos capaces de validar sus emociones sin minimizarlas ni juzgarlas. Los adolescentes atraviesan procesos emocionales complejos y necesitan saber que sus sentimientos son comprendidos y aceptados. La empatía y el apoyo emocional de los padres les proporcionan la confianza para explorar y gestionar sus emociones de manera saludable, lo que les permite enfrentar el estrés con una mayor capacidad de resiliencia.

Todo esto suena muy bien, pero estás preguntándote:
¿Y cómo lo hago?
En primer lugar, te diría que empezando por ti. Si tú andas corriendo de un lado a otro como pollo sin cabeza, irritable, y estresado…, esa es la forma de vivir que va a ser modelo para tus hijos. Así que quizá el cambio debería empezar en ti.

Cierto es que nuestro estilo de vida no ayuda precisamente, pero también que podemos aprender a vivir mejor. Y eso pasa a menudo por priorizar unas cosas frente a otras, y también por renunciar. Sí, tal cual suena. Aprender a renunciar a expectativas idealizadas, a cosas materiales, a exigencias y a compromisos.

Otro buen punto de partida, además de ser su ejemplo, es tomarlo con calma. Probablemente, aprendas mientras tratas de enseñarlo tanto o más que tu hijo.

Es un recorrido largo, no te frustres, la educación conlleva tiempo y paciencia.

Trabajar en tu crecimiento personal.

«Cuando un padre o una madre trabajan en sí mismos para ser mejores personas, reescriben el camino de sus hijos».

Ve a terapia, medita, aumenta el tiempo que dedicas al autocuidado. Explora tu espiritualidad. Cuanto más trabajes en ti, más estarás trabajando en ellos.

«Empecé a meditar hace seis o siete años, en clase de yoga. Al principio me resultaba imposible, me revolvía en la colchoneta como una cucaracha, incapaz de sosegarme. Me venían pensamientos sin parar, parece que permanecer unos minutos quieta me estresaba aún más, me ponía nerviosa. Eso solo era una muestra de los niveles tan altos de estrés que tenía. Mis hijos eran pequeños, un marido ausente, poca ayuda y un trabajo muy exigente eran el cóctel perfecto para que viviera en modo supervivencia todo el tiempo. Con el paso de los años, la ayuda de la terapia psicológica y perseverando en la práctica de la meditación, cambié muchas cosas. Ahora ya no tengo esa sensación de ir siempre corriendo a todas partes, de hacerlo todo deprisa, de ir siempre acelerada. He aprendido a priorizar, a dejar ir muchas cosas, a delegar más y soy muchísimo más feliz, y mucho mejor madre. Ojalá esta versión de mí hubiera llegado cuando mis hijos eran más pequeños, porque a veces no puedo evitar

sentirme culpable de las veces que les grité o no les dedi-
qué el tiempo que merecían. Ahora veo claramente que
el problema nunca fueron ellos (solo eran niños haciendo
cosas de niños). El problema era mi estado emocional».

Te dejo a continuación algunas técnicas básicas de relajación que puedes enseñarle o hacer tú mismo:

El **lugar seguro** es una técnica utilizada en diversas terapias, incluida la técnica de **EMDR** (desensibilización y reprocesamiento por movimiento ocular, por sus siglas en inglés), que se basa en crear un espacio mental y emocional donde la persona pueda sentirse segura y relajada. Esta práctica es especialmente útil cuando se necesita liberar tensiones o reducir el impacto de recuerdos estresantes. A continuación, te doy un ejemplo de cómo podrías guiar a tu hijo para utilizar esta técnica como una herramienta para relajarse:

Ejemplo de uso del lugar seguro con EMDR:

1. **Preparación y concentración:** Pídele a tu hijo que se siente en un lugar cómodo, con los ojos cerrados, y que se concentre en su respiración, inhalando y exhalando profundamente para relajarse. Anímale a dejar que su cuerpo se relaje, permitiendo que cualquier tensión se disuelva con cada exhalación.

2. **Visualización del lugar seguro:** Ahora, guíale a través de un ejercicio de **visualización** en el que cree un lugar completamente seguro y relajante. Puede ser un lugar real o imaginario, como una playa tranquila, un jardín, o una habitación acogedora. Es importante que este lugar esté lleno de sensaciones agradables: colores suaves, sonidos relajantes, texturas suaves, todo lo que le transmita calma y confort.

3. **Exploración del lugar:** Mientras se concentra en ese lugar, pídele que observe los detalles: qué ve, qué escucha, qué siente en su piel. Tal vez una brisa suave o el sonido de las olas. Cuanto más específico sea, mejor. La idea es que este lugar seguro sea tan real en su mente que pueda sentirlo de verdad.

4. **Asociación de sensaciones relajantes:** En este espacio seguro, puede recordar momentos tranquilos y positivos, reforzando la sensación de bienestar. Puedes sugerirle que, cada vez que se sienta estresado o ansioso en el futuro, pueda cerrar los ojos y regresar a este lugar seguro en su mente.

5. **Cierre del ejercicio:** Para terminar, invítale a tomar varias respiraciones profundas mientras vuelve gradualmente al presente. Asegúrate de que se sienta relajado antes de que abra los ojos, recordándole que puede volver a su lugar seguro en cualquier momento que lo necesite.

Visualización relajante: El bosque mágico

Cierra los ojos, hijo, y toma una respiración profunda. Siente cómo el aire entra en tu cuerpo, llenando tus pulmones de calma, y luego suéltalo lentamente, dejando que todo el estrés se disuelva con la exhalación. Respira despacio y siente cómo tu cuerpo empieza a relajarse.

Imagina que estás caminando por un **bosque tranquilo y mágico**. El sol brilla suavemente entre las hojas de los árboles, y puedes sentir cómo su luz cálida acaricia tu rostro. El aire está fresco y huele a tierra, a hojas y a flores. Escucha el sonido del viento moviendo las ramas de los árboles, creando una melodía suave y relajante.

A medida que caminas por el sendero, notas el sonido de tus pasos sobre el suelo cubierto de hojas secas, que crujen suavemente bajo tus pies. Cada paso que das te hace sentir más relajado y en paz.

A lo lejos, ves un pequeño **arroyo cristalino** que fluye suavemente entre las piedras. El sonido del agua fluyendo te tranquiliza aún más. Decides acercarte, y te sientas junto a él. Puedes sentir la frescura del agua en tus manos, y al sumergir tus dedos, la sensación de frescura y calma te envuelve.

En este lugar, todo está tranquilo, todo está en paz. No hay preocupaciones ni ruidos molestos, solo la tranquilidad de la naturaleza. Imagina que puedes quedarte aquí todo el tiempo que necesites, sin prisa, solo disfrutando de la calma y el bienestar que te rodea.

Siente cómo tu cuerpo se vuelve ligero, cómo tu mente se despeja de cualquier pensamiento que te cause preocupación. Estás en un lugar seguro, en un lugar lleno de calma y serenidad.

Cuando estés listo, puedes regresar a este lugar siempre que lo necesites. Solo tienes que cerrar los ojos y volver a imaginar este **bosque mágico**. Cada vez que lo hagas, te sentirás más tranquilo, más relajado.

Ahora, respira profundamente una vez más, y siente cómo tu cuerpo está completamente relajado y en paz. Abre los ojos cuando estés listo, sabiendo que este lugar siempre estará contigo, listo para ayudarte a sentirte tranquilo y seguro.

Meditación básica guiada para adolescentes

Comencemos con una meditación sencilla que te ayudará a relajarte y calmar tu mente. Encuentra un lugar cómodo donde puedas estar tranquilo, ya sea sentado en una silla, en el suelo o recostado. Cierra los ojos y, al hacerlo, permite que tu cuerpo se afloje, dejándote llevar por el momento.

Paso 1: Respiración consciente

Comienza por respirar profundamente. Inhala por la nariz contando hasta cuatro… Uno, dos, tres, cuatro… Ahora, exhala por la boca contando nuevamente hasta cuatro… Uno, dos, tres, cuatro… Repite esto unas cuantas veces, sintiendo cómo tu cuerpo se relaja con cada exhalación. Cada vez que exhalas, imagina que todo el estrés y las preocupaciones se van desvaneciendo. Concédele a tu cuerpo y tu mente este momento de calma.

Paso 2: Relajación del cuerpo

Ahora, trae tu atención a tu cuerpo. Observa cualquier área de tensión, ya sea en tus hombros, en tu cuello o en tus manos. No hagas nada por cambiarla, solo obsérvala. Imagina que esa zona tensa está siendo acariciada por una suave luz que la va liberando de la tensión. Poco a poco, siente cómo tu cuerpo se va relajando, parte por parte. Si alguna parte de ti sigue tensa, respira profundamente y deja que se afloje con cada respiración.

Paso 3: Concentración en la respiración

Ahora, deja que tu respiración vuelva a su ritmo natural. No necesitas controlarla, solo obsérvala. Siente el aire entrando y saliendo de tus pulmones, como si fuera una ola suave que viene y va. Si tu mente se distrae con pensamientos, está bien, simplemente vuelve a poner tu atención en tu respiración. Cada vez que te concentras en ella, sientes más tranquilidad.

Paso 4: Visualización relajante

Imagina ahora un lugar que te haga sentir seguro, tranquilo y relajado. Puede ser un paisaje que te guste, como una playa, un bosque o una habitación cómoda. Visualízate allí, experimentando todo lo que te rodea: los sonidos, los colores, las sensaciones. Imagina que estás disfrutando de ese lugar, relajándote completamente. Siente cómo te envuelve la calma y la paz de este lugar.

Paso 5: Cierre

Para terminar esta meditación, respira profundamente una vez más, llenando tus pulmones de aire fresco y relajante. Al exhalar, imagina que todo lo que has dejado atrás, todo el estrés y las preocupaciones se alejan de ti. Cuando estés listo, abre los ojos lentamente, sabiendo que puedes regresar a este lugar tranquilo siempre que lo necesites.

Aquí tienes también algunas aplicaciones de meditación en español que pueden ser útiles para niños y adolescentes, ¡y también para adultos!:

1. **Meditopia:** Meditopia ofrece meditaciones guiadas en español, diseñadas para reducir el estrés, la ansiedad y mejorar el bienestar emocional. Tiene programas adaptados para adolescentes y niños, y te guía a través de ejercicios de *mindfulness*, relajación y respiración, con audios fáciles de seguir y muy prácticos.

2. **Calm:** Aunque Calm tiene su versión en inglés, también está disponible en español. Ofrece meditaciones guiadas, música relajante y ejercicios de respiración, ideales para adolescentes que buscan reducir el estrés o mejorar su concentración. Las sesiones están divididas en diferentes categorías según las necesidades emocionales del momento.

3. **Breethe:** Esta aplicación está disponible en español y ofrece meditaciones guiadas para jóvenes, centradas en la reducción del estrés, la gestión emocional y la mejora del bienestar. También incluye ejercicios de respiración, relajación muscular y *mindfulness*, muy útiles para los adolescentes que quieren desarrollar hábitos saludables.

4. **Smiling Mind:** Smiling Mind tiene un programa en español, especialmente orientado a los adolescentes. Sus meditaciones y ejercicios están diseñados para mejorar la regulación emocional, reducir la ansiedad y fomentar el bienestar general, lo que la convierte en una excelente herramienta para adolescentes.

5. Mindfulness para Niños: Esta aplicación está especialmente dirigida a los más jóvenes, proporcionando meditaciones simples y fáciles de seguir. A través de juegos y
ejercicios divertidos, enseña técnicas de relajación y *mindfulness* a los niños y adolescentes, y les ayuda a gestionar
mejor sus emociones y reducir el estrés.

DESARROLLO DE LA AUTOESTIMA

Como psicóloga he podido observar cómo la baja autoestima
se esconde detrás de muchos de los problemas psicológicos que
presentan las personas, aunque no siempre sea tan evidente al
principio.

El motivo de demanda inicial puede ser depresión, ansiedad,
dependencia emocional o cualquier otro. Cuando escarbas un
poco, y vas quitando capas de la cebolla, descubres la fragilidad
e inseguridad que muchos de nosotros llevamos dentro.

Las personas con baja autoestima tienen más dificultades para
vivir en coherencia con ellas mismas. Tienen a tener una elevada
deseabilidad social, parece que tuvieran que cumplir con unos
cánones determinados y ser lo que se espera de ellas. También
tienen muchas más dificultades para ver su propio potencial, y
por lo tanto establecer metas y retos personales, pues les cuesta
creer que puedan alcanzarlos.

A menudo son más influenciables y sugestionables. Y puede
que tiendan a tener un rol pasivo o inhibido en las relaciones. En
cuanto a la pareja, puede aparecer dependencia emocional y dificultades para relacionarse de una manera armoniosa.

La baja autoestima no es solo una cuestión de sentirse inseguro o tener una mala opinión de uno mismo; es también un
sentimiento profundo de no merecer amor, éxito o incluso felicidad, lo que puede manifestarse de diferentes maneras.

La autoestima (amor a uno mismo) es el valor que una persona se otorga a sí misma, cómo se ve y se siente en relación con sus propias capacidades, cualidades y aspectos físicos. Es una percepción interna que influye directamente en nuestro bienestar emocional y en cómo nos enfrentamos a los desafíos de la vida. La autoestima no es un concepto fijo, sino algo dinámico que se va formando y consolidando a lo largo de nuestra vida.

¿Cómo se forma la autoestima?

La autoestima se empieza a formar desde la infancia, principalmente a través de las experiencias que vivimos y las interacciones con las personas más cercanas, especialmente con nuestros padres y cuidadores. Los comentarios, el afecto y el apoyo que recibimos en los primeros años son claves para que nuestro sentido de valía personal se desarrolle de manera saludable. Si los niños se sienten queridos, escuchados y aceptados tal y como son, tienden a desarrollar una autoestima positiva. Sin embargo, si crecen en un entorno donde se sienten rechazados o no valorados, pueden desarrollar una autoestima baja.

Tiene también una parte caracterial, que tiene que ver con la estructura de personalidad. Las personas nacemos con unos rasgos de personalidad que vienen determinados genéticamente y que nos predisponen, entre otras muchas cosas, a tener una baja o alta autoestima.

Personalidad y autoestima: una relación que lo define todo

La personalidad de nuestros hijos actúa como una especie de filtro a través del cual ven el mundo, se relacionan con los demás y, lo más importante, se perciben a sí mismos. Estas percepciones son el reflejo de cómo interpretan sus experiencias y logros, pero también de cómo gestionan sus emociones.

Algunos rasgos de personalidad pueden favorecer una autoestima sólida, mientras que otros pueden convertirse en obstáculos si no se manejan adecuadamente.

1. Extroversión e introversión

Los adolescentes extrovertidos tienden a tener una autoestima más estable, ya que se nutren de la interacción social, reciben validación constante y sienten menos miedo al rechazo. Sin embargo, esto no significa que los introvertidos estén condenados a tener una baja autoestima. Al contrario, su fortaleza radica en su capacidad de reflexión y en encontrar seguridad en sus logros personales, sin depender tanto de la opinión externa.

2. Neuroticismo y estabilidad emocional

El neuroticismo, o la tendencia a experimentar emociones como la ansiedad, el miedo o la tristeza de manera muy intensa, puede ser un enemigo silencioso de la autoestima. Los adolescentes con niveles altos de neuroticismo suelen interpretarse a sí mismos desde la autocrítica y les cuesta valorar sus logros. En cambio, aquellos que tienen una mayor estabilidad emocional se sienten más seguros, incluso frente a los fracasos.

3. Apertura a la experiencia

Los adolescentes con alta apertura a la experiencia suelen ser creativos, curiosos y dispuestos a probar cosas nuevas. Este rasgo impulsa su autoestima al permitirles explorar diferentes facetas de sí mismos y encontrar áreas en las que destacan. Pero cuidado, porque esta misma apertura puede llevarlos a compararse más con los demás, lo que afecta su percepción si sienten que no están «a la altura».

4. Amabilidad y autoestima relacional

La amabilidad y la empatía son rasgos valiosos, pero en exceso pueden hacer que los adolescentes pongan las necesidades de los demás por encima de las suyas, lo que afecta su autoestima. A menudo, aquellos que buscan agradar a todos temen decepcionar y sienten que su valor está ligado a la aceptación de los demás.

5. Responsabilidad y autoeficacia

El sentido de responsabilidad está directamente relacionado con una autoestima sólida. Los adolescentes que asumen retos cumplen con sus objetivos y son constantes, desarrollan una sensación de autoeficacia: la creencia de que pueden lograr lo que se proponen. Por el contrario, aquellos que tienden a la dejadez o evitan las responsabilidades pueden experimentar frustración y sentir que no son capaces.

6. Perfeccionismo y autoexigencia

El perfeccionismo puede parecer una cualidad positiva, pero en muchos casos esconde una baja autoestima encubierta. Los adolescentes perfeccionistas tienden a fijarse estándares inalcanzables y, cuando no los alcanzan, sienten que han fracasado. La autoexigencia constante genera insatisfacción y autocrítica, lo que alimenta un ciclo en el que nunca sienten que son «suficientes».

Estos adolescentes suelen destacar académicamente o en sus aficiones, pero su valoración personal depende de sus logros. Cuando fallan o cometen errores, su autoestima se ve gravemente afectada, lo que puede llevar a la procrastinación o al miedo a intentarlo de nuevo.

Aspectos de la autoestima

La autoestima se compone de varios factores que se interrelacionan entre sí. Estos incluyen:

1. **Autoaceptación:** La capacidad de aceptarnos tal como somos, reconociendo tanto nuestras virtudes como nuestras limitaciones, sin juzgarnos de manera negativa.

2. **Autoconfianza:** Creer en nuestras propias capacidades y habilidades para enfrentar las situaciones cotidianas.

3. **Autovaloración:** El valor que asignamos a nuestras propias decisiones, acciones y logros.

4. Autocompasión: La habilidad para ser amables con nosotros mismos cuando cometemos errores o nos enfrentamos a dificultades, sin caer en la autocrítica excesiva.

¿Cómo se consolida la autoestima a lo largo de la vida?

La autoestima es un proceso continuo que se va consolidando y ajustando con el tiempo. A medida que enfrentamos situaciones nuevas y desafiantes, nuestra autoestima puede crecer o verse afectada dependiendo de cómo las manejemos. En la adolescencia, por ejemplo, las relaciones con amigos, el rendimiento académico y la aceptación social juegan un papel fundamental en la consolidación de la autoestima. En la vida adulta, las experiencias profesionales, la construcción de relaciones saludables y la capacidad para superar obstáculos también influyen de manera significativa.

La autoestima se refuerza cuando aprendemos a establecer metas alcanzables, reconocemos nuestros logros, y nos rodeamos de personas que nos apoyen y nos hagan sentir valiosos. Además, practicar el autocuidado, tanto físico como emocional, es esencial para fortalecerla. Es importante recordar que la autoestima no es algo que se «construye» una vez y para siempre, sino algo que se cultiva y se cuida a lo largo de toda nuestra vida, ajustándose y evolucionando según nuestras experiencias y el desarrollo personal que vayamos viviendo.

Los padres jugamos un papel fundamental en el desarrollo de la autoestima de nuestros hijos. Desde los primeros años de vida, las interacciones con los padres influyen en cómo los niños se perciben a sí mismos y en cómo valoran sus capacidades y cualidades. La manera en que los padres se relacionan con sus hijos, las palabras que utilizan y los comportamientos que modelan pueden tener un impacto duradero en la forma en que los niños construyen su autoestima.

El amor incondicional

Uno de los pilares más importantes para el desarrollo de una autoestima saludable es el afecto incondicional. Los niños necesitan sentir que son queridos y aceptados tal como son, sin necesidad de cumplir con expectativas perfeccionistas. Cuando un niño percibe que su valor no depende de su rendimiento o de su comportamiento, su autoestima se ve fortalecida.

La validación emocional

Los padres tienen una enorme influencia en cómo sus hijos gestionan y entienden sus emociones. Validar los sentimientos de los hijos es una herramienta poderosa para ayudarles a construir una autoestima sólida. Decir frases como «entiendo que te sientas frustrado» o «es normal que te dé miedo» les permite a los niños sentirse comprendidos y aceptados, lo que aumenta su autoconfianza. A través de la validación emocional, los padres les enseñan a sus hijos a ser amables consigo mismos y a aceptar sus emociones sin juzgarse.

Fomentar la autonomía

Un aspecto crucial para el desarrollo de la autoestima es la autonomía. Los padres deben ofrecer a sus hijos oportunidades para tomar decisiones y afrontar retos por sí mismos, sin intentar controlarlo todo. Esto no significa dejarlos solos, sino guiarlos con el equilibrio adecuado: acompañarlos en el proceso de aprendizaje sin quitarles la oportunidad de resolver problemas. Cuando un niño enfrenta un desafío y lo supera, incluso si no es perfecto, fortalece su autoconfianza y su sentido de competencia. Al permitir que los hijos cometan errores y aprendan de ellos, los padres les enseñan que no necesitan ser perfectos para tener valor.

La comunicación positiva

Las palabras tienen un poder enorme en la construcción de la autoestima. El tipo de retroalimentación que los padres proporcionan influye directamente en cómo los niños se ven a sí mismos. Elogiar el esfuerzo en lugar del resultado les ayuda a entender que su valor no está ligado a lo que logran, sino a su capacidad de intentar y aprender. Evitar comparaciones entre hermanos o con otros niños también es fundamental para que los hijos no se sientan insuficientes. Los padres debemos ser cuidadosos con nuestros comentarios y esforzarnos por ofrecer críticas constructivas en lugar de críticas destructivas que puedan hacer mella en la autopercepción de los hijos.

Los padres somos los primeros modelos que seguir para nuestros hijos. Si los padres demuestran una **autoestima saludable**, es más probable que los hijos adopten actitudes similares. Si un padre se muestra seguro de sí mismo, acepta sus errores y tiene una visión positiva de sus capacidades, el niño aprenderá a hacer lo mismo. Por tanto, es importante que los padres trabajen en su propia autoestima, ya que su comportamiento y actitudes servirán de espejo para el desarrollo emocional de sus hijos.

Nuestro estilo educativo también influirá en la construcción de la autoestima.

Un estilo sobreprotector o permisivo en la educación de los hijos puede tener un impacto negativo en el desarrollo de su autoestima. Aunque ambos estilos surgen de la intención de brindarles lo mejor y evitarles sufrimientos, el resultado a largo plazo suele ser contraproducente, ya que impiden que los niños desarrollen las habilidades emocionales y sociales.

El estilo sobreprotector

El estilo sobreprotector se caracteriza por padres que intentan controlar cada aspecto de la vida de sus hijos, desde las decisiones más pequeñas hasta las más grandes. Lo hacen con la intención de protegerlos de cualquier error o sufrimiento, pero esta sobreprotección crea un entorno en el que los hijos no pueden experimentar la autonomía ni aprender a afrontar la frustración.

Cuando los padres están demasiado involucrados en la resolución de los problemas de sus hijos o les quitan las oportunidades de aprender de sus propios errores, el niño no tiene la oportunidad de desarrollar confianza en sí mismo. La autoestima se construye, en gran medida, cuando un niño se enfrenta a un reto, lo resuelve por su cuenta o pide ayuda cuando la necesita, y luego se siente capaz de afrontar la próxima situación con mayor seguridad. Si un niño nunca tiene la oportunidad de resolver por sí mismo pequeños problemas, o si sus esfuerzos siempre se ven interrumpidos por una intervención constante de los padres, se siente incapaz y dudoso de sus propias habilidades, lo que disminuye su autoestima.

Además, los niños sobreprotegidos tienden a sentirse dependientes de sus padres, lo que les impide aprender a tomar decisiones importantes de manera independiente. Este estilo educativo refuerza la creencia de que no pueden confiar en sí mismos, sino que siempre necesitan que alguien más se encargue de las decisiones por ellos. Con el tiempo, esto mina su autoconfianza y les genera una sensación de incapacidad para enfrentar la vida adulta.

El estilo permisivo

Por otro lado, el estilo permisivo es aquel en el que los padres suelen ser demasiado indulgentes, cediendo ante todos los deseos y demandas de sus hijos sin establecer límites claros. Aunque este estilo puede ser percibido por los hijos como una muestra de amor y libertad, en realidad les impide aprender a respetar reglas y valorar el esfuerzo.

Cuando los padres no establecen límites ni consecuencias claras, los niños pueden desarrollar una sensación de *entitlement* o derecho absoluto, creyendo que todo les es debido sin necesidad de esforzarse. Esta falta de disciplina o estructura crea una autoestima frágil, ya que el niño no aprende a gestionarse ni a afrontar las dificultades de manera autónoma. La falta de normas también les impide aprender a manejar la frustración y a aceptar que, a veces, las cosas no salen como se esperan, que no podemos tener todo lo que deseamos y que el mundo se rige por normas que a veces no nos gustan.

Los niños educados con un estilo permisivo pueden sentirse inseguros cuando se enfrentan a situaciones fuera de su zona de confort, ya que no tienen la experiencia de manejar fracasos o problemas de manera saludable. Esto puede generar una sensación de inmadurez emocional, y, a medida que crecen, estos jóvenes pueden sentirse incapaces de tomar decisiones importantes por sí mismos o de enfrentarse a las adversidades de la vida.

El estilo autoritario

El estilo educativo autoritario es como un muro frío: rígido, inflexible y, a menudo, inquebrantable. En este tipo de crianza, las normas se imponen sin margen de negociación, los errores se castigan con dureza y el afecto suele quedar en un segundo plano, eclipsado por la disciplina. Aunque a simple vista pueda parecer que este enfoque educa niños obedientes y responsables, lo que realmente se está construyendo es un terreno fértil para la inseguridad y la baja autoestima.

Cuando un niño crece en un entorno donde el error no tiene cabida y las expectativas son inalcanzables, empieza a desarrollar una percepción distorsionada de sí mismo. Aprende que su valor depende de su capacidad para cumplir con las normas y satisfacer las exigencias de los demás, lo que lo lleva a sentirse inadecuado o insuficiente cuando no alcanza esos estándares. El miedo al fracaso se convierte en su compañero constante, y con él aparece la autocrítica, la culpa y, en muchos casos, la ansiedad.

Los adolescentes que han sido criados bajo un estilo autoritario tienden a mostrar poca confianza en sus decisiones. Prefieren evitar situaciones nuevas o desafiantes por miedo a equivocarse y recibir críticas. Pueden ser perfeccionistas o, por el contrario, desarrollar una actitud de desinterés como mecanismo de defensa: «Si no lo intento, no puedo fallar». Ambas conductas son reflejo de una autoestima frágil, incapaz de sostenerse sin validación externa.

Además, la relación emocional con los padres puede verse afectada. El adolescente puede experimentar una desconexión afectiva, sintiendo que sus emociones no son válidas o que no tiene espacio para expresarlas sin ser juzgado. A largo plazo, esto puede traducirse en dificultades para construir relaciones saludables, basadas en la confianza y la comunicación.

El estilo educativo democrático

El estilo educativo democrático es como un puente: firme, pero flexible. Ofrece estructura y límites claros, pero siempre desde la comprensión, el respeto y la escucha activa. En este tipo de crianza, las normas no son imposiciones arbitrarias, sino acuerdos que se construyen en conjunto. Los errores no se castigan, se analizan y se convierten en oportunidades de aprendizaje. Esta combinación de afecto y firmeza crea el entorno perfecto para que nuestros hijos desarrollen una autoestima sólida y saludable.

Cuando un niño crece en un hogar donde se siente escuchado y valorado, aprende que sus opiniones y emociones importan. Sabe que puede cometer errores sin que ello afecte su valor personal. En lugar de vivir con miedo al fracaso, desarrolla una mentalidad de crecimiento, confiando en sus capacidades para superar desafíos. Esta seguridad en sí mismo se convierte en la base de una autoestima fuerte que lo acompañará durante toda su vida.

Los adolescentes criados con un estilo democrático tienden a mostrar mayor autonomía y responsabilidad. Se sienten competentes porque han sido involucrados en decisiones importantes desde pequeños. Han aprendido a reflexionar sobre sus acciones y a tomar decisiones conscientes, lo que fortalece su sentido de autoeficacia. Cuando logran algo, saben que es fruto de su esfuerzo y dedicación, y eso refuerza su confianza.

Además, este estilo educativo fomenta una relación de confianza y conexión emocional con los padres. Los adolescentes sienten que tienen un espacio seguro donde pueden expresar sus emociones sin temor a ser juzgados. Esta conexión les permite desarrollar una autoestima más estable, menos dependiente de la validación externa.

El estilo democrático enseña a los hijos que su valor no radica en ser perfectos, sino en ser auténticos. Les muestra que es posible equivocarse y seguir siendo dignos de amor y respeto. Al sentirse aceptados y apoyados incondicionalmente, desarrollan una percepción positiva de sí mismos y del mundo que los rodea.

«La relación más importante que tendrás en tu vida es la que tienes contigo mismo», Diane Von Furstenberg.

Consecuencias de una baja autoestima

Una baja autoestima en la adolescencia puede tener un impacto profundo y duradero en muchas áreas de la vida de tu hijo.

Cuando un adolescente tiene una baja autoestima, es común que experimente una constante sensación de inseguridad y falta de valía personal. Estos sentimientos pueden generar una visión negativa de sí mismo, creyendo que no es lo suficientemente capaz, atractivo, inteligente o valioso. Esta falta de confianza puede desencadenar emociones como la tristeza, la frustración o la ansiedad, lo que puede llevar al adolescente a sentirse abrumado por las dificultades cotidianas. Además, la baja autoestima suele estar ligada a una mayor propensión a experimentar depresión y ansiedad, ya que el adolescente constantemente se cuestiona y se juzga, sin tener la capacidad de reconocer sus propios logros o cualidades.

La forma en que un adolescente se ve a sí mismo también afecta profundamente sus relaciones con los demás. Cuando no se siente valioso, puede tender a aislarse socialmente o, por el contrario, buscar aprobación a través de relaciones poco saludables. Los adolescentes con baja autoestima a menudo sienten que no merecen ser tratados con respeto, lo que puede llevarlos a tolerar comportamientos abusivos o tóxicos por parte de sus amigos o parejas. Además, la falta de confianza en sí mismos puede hacer que eviten situaciones sociales, lo que les impide desarrollar habilidades sociales y hacer amigos de manera genuina.

Están también más expuestos a sufrir *bullying*, pues su tendencia a la sumisión y la inhibición complica el que sean capaces de defenderse y poner límites a los demás.

Una baja autoestima también puede afectar la toma de decisiones de un adolescente. Si no se siente capaz de tomar decisiones acertadas, puede depender en exceso de la aprobación o la orientación de los demás, perdiendo así la oportunidad de desarrollar su autonomía. Esto también puede llevarlo a tomar decisiones impulsivas o perjudiciales, ya que puede sentir que no tiene suficiente control sobre su vida. A menudo, los adolescentes con baja autoestima evitan asumir responsabilidades o desafíos por miedo al fracaso, ya que están convencidos de que no serán capaces de afrontarlos.

También se puede observar en el ámbito académico. Los adolescentes que no creen en sí mismos suelen tener bajas expectativas sobre sus capacidades, lo que puede afectar su rendimiento en la escuela. Si sienten que no son lo suficientemente inteligentes o competentes, pueden evitar enfrentar tareas difíciles o dejar de intentar mejorar, lo que perpetúa la creencia de que no pueden lograr sus metas. Además, esta falta de confianza puede afectar su motivación y su deseo de aprender, ya que ven el fracaso como una confirmación de sus temores, en lugar de una oportunidad para crecer.

Te hablaré ahora de la profecía autocumplida para que entiendas un poco más la importancia del autoconcepto, y cómo las creencias sobre nosotros mismos afectan a nuestra conducta.

La profecía autocumplida es un fenómeno psicológico que demuestra cómo las expectativas, tanto las nuestras como las que otros tienen sobre nosotros, pueden influir profundamente en nuestro comportamiento y resultados. Un ejemplo perfecto de esto es el famoso experimento de Rosenthal y Jacobson, conocido como el «efecto Pigmalión», que puso en evidencia cómo las creencias pueden moldear no solo el rendimiento de los alumnos, sino también el comportamiento de los profesores.

En este experimento, los investigadores llevaron a cabo un estudio en una escuela de primaria. Al inicio del curso, realizaron un test de inteligencia a todos los alumnos. Sin embargo, en lugar de compartir los resultados reales, seleccionaron al azar a un grupo de estudiantes y les comunicaron a los profesores que estos niños tenían un alto potencial intelectual y que, probablemente, destacarían académicamente durante el curso. Al otro grupo de estudiantes no se les asignó ninguna etiqueta especial, y los profesores no tenían expectativas específicas sobre ellos.

Lo que sucedió fue sorprendente. Al finalizar el curso, los estudiantes etiquetados como «más inteligentes» no solo obtuvieron mejores calificaciones, sino que también mostraron más motivación, mayor interés por aprender y una actitud más positiva hacia las tareas escolares. Lo interesante es que estos resultados no se debían a una diferencia real en sus capacidades, sino a cómo las expectativas de los profesores influyeron en la manera en que interactuaban con ellos.

Los profesores, sin darse cuenta, trataban de forma diferente a los estudiantes que creían más capaces. Les dedicaban más tiempo, les ofrecían materiales más innovadores y retadores, y les brindaban una retroalimentación más positiva. También mostraban más entusiasmo al enseñarles, lo que hacía que los alumnos se sintieran valorados y confiados en su capacidad para aprender. Este cambio en la conducta de los profesores no solo afectó a los estudiantes, sino que también tuvo un impacto en ellos mismos: iban más motivados a clase, dedicaban más esfuerzo a planificar las actividades y disfrutaban más de su trabajo al percibir progresos en sus «alumnos destacados».

Por otro lado, los alumnos del grupo sin expectativas especiales recibieron menos atención y refuerzos. Aunque no fueron tratados de forma abiertamente negativa, la falta de estímulo hizo que su rendimiento fuera más bajo, lo que reforzaba la creencia de los profesores de que no eran tan prometedores. Este círculo vicioso ilustra cómo las creencias pueden perpetuarse y determinar los resultados, tanto en el aula como en otros ámbitos.

Este experimento tiene una poderosa implicación en la crianza y educación de nuestros hijos. Si como padres proyectamos expectativas positivas en ellos y les mostramos que confiamos en su capacidad para aprender y crecer, esas creencias pueden convertirse en una realidad. Por el contrario, si los etiquetamos con comentarios negativos como «nunca te esfuerzas» o «eres muy despistado», esas percepciones pueden moldear su autoconcepto y limitar su potencial.

La profecía autocumplida no solo nos invita a reflexionar sobre cómo vemos a nuestros hijos, sino también sobre cómo nuestras expectativas pueden influir en su autoestima, su motivación y su conducta. Cambiar nuestra mirada puede transformar no solo su rendimiento, sino también la relación que tienen consigo mismos y con el mundo que los rodea.

«En terapia me encuentro a menudo chavales que llegan a mí (o mejor dicho, me los traen los padres) con bajo rendimiento académico, problemáticos, consumidores de cannabis u otras drogas…

Los padres están desesperados, frustrados, los conflictos están a la orden del día. Se sienten cansados y defraudados porque no ven motivación alguna en su hijo o hija.

Debajo de esta fachada, de estas conductas ruidosas y desadaptativas, siempre hay alguien que se siente mal, generalmente consigo mismo, pero también respecto a los demás. Porque cuando una persona se siente mal, no puede dar lo mejor de sí. Así que yo veo ese dolor, empatizo con él, y desde ahí exploramos y trabajamos juntos. Y yo no veo al chico que tengo delante, veo al hombre en el que se convertirá. Veo todo su potencial y le devuelvo esa visión de sí mismo.

Porque hacen muchas cosas mal, reprobables, dolorosas, pero también son conscientes y sufren sus consecuencias. No saben cómo salir del atolladero en que se encuentran. Simplemente están perdidos y necesitan volver a creer en ellos mismos, encontrar la forma de reajustar la visión que tienen de sí mismos y verse como lo que realmente son: personas maravillosas con un potencial enorme».

Un adolescente con baja autoestima es también más propenso a involucrarse en conductas de riesgo, como el abuso de sustancias, el comportamiento sexual irresponsable o la autolesión. En muchos casos, buscan maneras de «encubrir» o «suavizar» el malestar emocional que sienten, ya sea a través del consumo de alcohol, drogas o conductas autodestructivas. También pueden involucrarse en relaciones inapropiadas o dañinas como una forma de sentirse aceptados o valorados, aunque esto, a la larga, solo refuerza sus inseguridades y perpetúa el ciclo de baja autoestima.

Uno de los problemas más comunes asociados con la baja autoestima es la ansiedad. Los adolescentes con baja autoestima suelen tener una percepción distorsionada de sus capacidades. Temen que sus esfuerzos no sean suficientes, o que no sean capaces de afrontar los desafíos que la vida les presenta. Esta sensación constante de inseguridad provoca que se preocupen excesivamente por situaciones cotidianas, ya sea un examen, una conversación o incluso una relación de amistad. Se sienten abrumados por el miedo al fracaso y, como resultado, pueden evitar situaciones donde tengan que enfrentarse a esa posibilidad, lo que solo refuerza su idea de que no son capaces.

La depresión es otra manifestación común de la baja autoestima. Los adolescentes que no creen en sí mismos suelen experimentar sentimientos de desesperanza y tristeza profunda. La percepción de que no son lo suficientemente buenos, o que no tienen un valor intrínseco, puede llevarlos a retirarse emocionalmente, sentirse vacíos o desconectados del mundo que los rodea. Este vacío emocional se alimenta por la crítica constante que se hacen a sí mismos, creando un ciclo negativo del cual es difícil salir sin intervención adecuada.

También está vinculada a comportamientos autodestructivos. Cuando un adolescente no se siente valioso o digno de amor, puede recurrir a la autolesión o al abuso de sustancias como una forma de lidiar con el dolor emocional. La autolesión, por ejemplo, no solo es una forma de llamar la atención, sino una manera de externalizar el sufrimiento interno. A través de estos comportamientos, el joven intenta aliviar la sensación de vacío o autodesprecio que siente, aunque temporalmente, lo cual solo perpetúa el ciclo de baja autoestima.

Los adolescentes con baja autoestima pueden experimentar problemas en sus relaciones interpersonales. Si no se sienten merecedores de cariño o respeto, pueden tener dificultades para establecer relaciones saludables y equilibradas. A menudo, pueden pasar por alto sus propios límites y tolerar conductas abusivas o manipulativas de los demás, ya que sienten que no merecen algo mejor. También pueden desarrollar una dependencia emocional hacia los demás, buscando constantemente validación externa, ya sea de amigos, parejas o figuras de autoridad, lo que solo aumenta su inseguridad.

La baja autoestima se refleja, también, en el ámbito académico. Los adolescentes que no creen en sus capacidades suelen experimentar dificultades de concentración, bajas calificaciones y falta de motivación. Si un joven cree que no tiene lo que se necesita para tener éxito, a menudo no intentará poner el esfuerzo necesario, ya que ya se siente derrotado de antemano. Esta falta de confianza puede crear un ciclo negativo, donde el adolescente deja de intentar, obtiene malos resultados, y refuerza la creencia de que no puede conseguir lo que se propone.

Cómo fomentar una autoestima saludable en tus hijos

Factores que afectan la autoestima	Descripción	Cómo pueden intervenir los padres
Críticas constantes	Comentarios negativos frecuentes que erosionan la confianza en sí mismos.	- Usar un enfoque positivo en lugar de críticas destructivas. - Fomentar elogios sinceros y específicos.
Comparaciones con otros	Compararse con hermanos, amigos o figuras de referencia.	- Evitar comparaciones. - Destacar las fortalezas y logros únicos de cada hijo.
Falta de validación emocional	No sentirse escuchados o comprendidos en sus emociones.	- Validar sus sentimientos sin minimizar ni juzgar. - Crear un espacio seguro para compartir emociones.
Éxito académico o social limitado	Fracasar en áreas importantes para ellos (estudios, deportes, amistades).	- Reforzar que su valor no depende de logros externos. - Ayudarles a redefinir el concepto de éxito.
Presión para cumplir expectativas	Exigencias familiares o sociales que parecen inalcanzables.	- Plantear metas realistas y alcanzables. - Mostrar flexibilidad ante los errores.

Factores que afectan la autoestima	Descripción	Cómo pueden intervenir los padres
Entorno familiar poco afectivo	Falta de demostraciones de amor, apoyo o tiempo de calidad con los padres.	- Mostrar afecto incondicional a través de palabras y gestos. - Dedicar tiempo exclusivo a cada hijo.
Problemas de autoimagen	Insatisfacción con su apariencia física o inseguridades relacionadas con el cuerpo.	- Hablar de la diversidad de cuerpos y valores más allá de la apariencia. - Fomentar hábitos saludables sin obsesión.
Dificultades en habilidades sociales	Problemas para relacionarse o integrarse en grupos de amigos.	- Promover oportunidades para socializar en entornos seguros. - Ayudarles a desarrollar habilidades sociales claves.
Exceso de perfeccionismo	Creer que deben alcanzar estándares imposibles para ser valiosos.	- Enseñarles a aceptar los errores como oportunidades de aprendizaje. - Fomentar la autocompasión.
Falta de autonomía	No tener oportunidades para tomar decisiones o asumir responsabilidades.	- Brindarles espacio para equivocarse y aprender. - Implicarlos en la toma de decisiones familiares.

ENCONTRAR EL PROPÓSITO DE VIDA

Tener un propósito en la vida es mucho más que definir metas o alcanzar objetivos; es encontrar un motor interno que nos impulse a levantarnos cada día con la sensación de que nuestras acciones tienen significado. Durante la adolescencia, este concepto adquiere una importancia especial. Es en esta etapa, llena de exploración y descubrimientos, cuando de manera consciente o inconsciente comenzamos a dibujar nuestro proyecto vital: una visión de hacia dónde queremos ir, quiénes queremos ser y qué papel deseamos jugar en el mundo.

El proyecto vital es esa brújula interna que guía nuestras decisiones y nos da una dirección. No se trata de un plan rígido ni definitivo, sino de una construcción personal que integra nuestras aspiraciones, valores y habilidades. Este proyecto no solo abarca aspectos profesionales, sino también relaciones, intereses y las contribuciones que deseamos hacer a los demás. Es un mapa que, aunque puede cambiar con el tiempo, proporciona una base sólida para avanzar con claridad y confianza.

Cuando un adolescente tiene un propósito claro, aunque sea aún borroso y en construcción, experimenta una mayor sensación de seguridad y motivación. Este propósito les da sentido a sus esfuerzos y lo conecta con algo más grande que él mismo, ayudándole a superar obstáculos y mantener la resiliencia frente a los fracasos. Por el contrario, la falta de un propósito definido puede generar sentimientos de vacío, desorientación e insatisfacción, tanto en la adolescencia como en la vida adulta.

Los adolescentes que no tienen claridad sobre su proyecto vital pueden experimentar frustración, falta de motivación o caer en comportamientos autodestructivos. Al no saber hacia dónde se dirigen, cualquier camino puede parecer irrelevante, y las decisiones, insignificantes. Este vacío puede llevar a una sensación de desconexión con ellos mismos y con el mundo.

Los valores son el núcleo del propósito y el proyecto vital. Son las creencias profundas que nos orientan y nos ayudan a distinguir lo que es importante de lo que no lo es. Para un adolescente, reflexionar sobre sus valores es el primer paso para construir un propósito sólido. Valores como la honestidad, el esfuerzo, la solidaridad o el respeto no solo guían sus acciones, sino que también les proporcionan un marco para evaluar si están siendo fieles a sí mismos en su proceso de crecimiento.

Cuando los valores están claros, los adolescentes tienen una base firme para tomar decisiones, incluso en momentos de incertidumbre. Hablar de valores en esta etapa de la vida no significa imponerlos, sino acompañarlos en el descubrimiento de los suyos propios, ayudándoles a reflexionar sobre lo que consideran importante y cómo eso puede influir en sus elecciones.

Como padres, uno de los regalos más valiosos que podemos ofrecer a nuestros hijos en esta etapa es acompañarlos sin dirigirlos. Encontrar el propósito de vida es un proceso profundamente personal, y nuestro papel no es darles respuestas, sino plantear preguntas que les ayuden a descubrir las suyas. Preguntas como: ¿qué te hace feliz?, ¿qué te gustaría aportar al mundo?, o ¿qué es lo más importante para ti?, pueden abrir espacios de reflexión y diálogo.

También es fundamental ofrecerles un entorno donde se sientan libres para explorar, cometer errores y redefinir su camino. Esto incluye respetar sus decisiones, incluso si no coinciden con nuestras expectativas, y animarlos a experimentar distintas actividades, intereses y relaciones para que puedan descubrir lo que realmente les apasiona.

Ayudar a nuestros hijos a encontrar su propósito y construir su proyecto vital es uno de los mayores actos de amor que podemos ofrecerles. No se trata de imponer un camino, sino de acompañarlos en la búsqueda de su propia brújula, confiando en que ellos tienen las respuestas dentro de sí mismos. Este proceso no solo fortalece su autoestima y seguridad, sino que también los prepara para vivir una vida plena y con sentido.

«Recuerdo a Clara, una adolescente que llegó a consulta sintiéndose perdida y sin motivación. No sabía qué quería hacer con su vida y se sentía constantemente presionada por las expectativas externas. Trabajamos juntas en identificar sus valores y en explorar sus intereses a través de actividades y reflexiones. Poco a poco, Clara descubrió su pasión por ayudar a los demás, lo que la llevó a iniciar un voluntariado que cambió su perspectiva. Eso le ayudó a darse cuenta de su vocación humanitaria,

y acabó estudiando Psicología (por cierto, ¡no es la única de mis pacientes que se ha decantado por esta carrera!)».

Te dejo algunas ideas que yo uso mucho en consulta y que te pueden ayudar a pasar un buen rato con tus hijos y ayudarles de manera divertida a conocerse mejor y a esbozar ese proyecto vital:

1. Diario del propósito

Proponle a tu hijo llevar un diario donde pueda escribir sobre sus intereses, metas y sueños. Puedes guiarlo con preguntas como:

- ¿Qué cosas te hacen feliz?

- ¿Qué actividades te entusiasman?

- ¿En qué situaciones sientes que eres tu mejor versión? Puedes sentarte con él de vez en cuando para repasar lo que ha escrito y ayudarle a identificar patrones o áreas de interés.

2. Mapa de valores familiares

Reúne a la familia y haced una lista de los valores que consideráis importantes. Pregunta a tu hijo cuáles son los tres valores que considera más esenciales para su vida y por qué. Hablar sobre cómo esos valores pueden influir en sus decisiones futuras es una forma de conectar sus creencias con su proyecto vital. Por ejemplo, si valora la solidaridad, podéis explorar actividades o carreras relacionadas con ayudar a los demás.

Estas actividades son perfectas para plantearlas a modo de juego de sobremesa después de una comida familiar, por ejemplo. Te sorprendería, tras vencer la resistencia inicial, cómo les gustan estas dinámicas.

3. Línea del tiempo del futuro

Invita a tu hijo a imaginar su vida dentro de cinco, diez o quince años. Proporciónale papel y lápices de colores para que dibuje una línea del tiempo donde plasme dónde le gustaría estar en cada etapa: ¿qué estaría haciendo?, ¿con quién estaría?, ¿qué le haría sentir orgulloso? Esta actividad fomenta la visualización y le ayuda a reflexionar sobre sus metas a largo plazo.

4. Juego de roles

Haced un ejercicio donde tu hijo se imagine siendo la persona que quiere ser en el futuro. Puedes decirle: «Imagínate que ya eres adulto y estás viviendo la vida que deseas. Describe cómo es tu día a día». Anímalo a hablar sobre su trabajo, sus relaciones y cómo pasa su tiempo. Este ejercicio refuerza su capacidad de proyectarse y le da una idea más clara de lo que podría querer.

5. Explorar juntos actividades nuevas

Proponle probar actividades que estén fuera de su rutina habitual, como talleres, deportes o voluntariado. La exposición a diferentes experiencias puede ayudarle a descubrir habilidades o intereses que no conocía. Después de cada actividad, podéis reflexionar juntos sobre lo que le gustó o no, y qué aprendió de la experiencia.

6. Tablero de visión o *vision board*

Esto se ha puesto muy de moda y lo verás en redes sociales. Seguro que lo conocen. Hacerlo en familia puede ser muy divertido.

Proporciónale revistas, papel, tijeras y pegamento para crear un tablero de visión. Este tablero puede incluir imágenes, palabras o frases que representen sus metas, valores y sueños. Es una actividad creativa y relajante que le ayuda a visualizar su proyecto vital de manera tangible.

7. Reflexión guiada sobre logros y aprendizajes

Ayúdale a identificar momentos de su vida en los que se haya sentido especialmente orgulloso. Pregúntale:

- ¿Qué logros personales o académicos te han hecho sentir bien contigo mismo?
- ¿Qué desafíos has superado y qué aprendiste de ellos? Esta reflexión le permitirá reconocer sus fortalezas y cómo pueden ser útiles para construir su proyecto vital.
- Crear una lista de héroes o referentes

Pídele que haga una lista de personas a las que admira (pueden ser familiares, figuras públicas o personajes ficticios). Luego, reflexionad juntos sobre qué características o valores le llaman la atención de esas personas. Esto puede darle pistas sobre lo que quiere incorporar en su propia vida.

8. Paseos de reflexión

Salid a caminar juntos por un lugar tranquilo y plantead preguntas abiertas que inviten a la reflexión, como:

- ¿Qué te gustaría que las personas recordaran de ti cuando seas mayor?
- Si pudieras cambiar algo en el mundo, ¿qué sería? El entorno relajado favorece la conversación y permite que fluyan las ideas sin presión.

Con este tipo de preguntas se ríen mucho al principio, prepárate para escuchar «¡qué chorrada es eso mamá!», pero si consigues que participen y compartes tú también tu visión, será muy enriquecedor.

9. Escenario de las tres puertas

Preséntale tres puertas imaginarias y dile que detrás de cada una hay una posible versión de su futuro. Cada puerta representa una elección importante (por ejemplo, seguir una carrera, dedicarse a un *hobby* o vivir en un lugar específico). Pídele que elija una puerta y describa qué vida encontraría detrás de ella. Este ejercicio le ayuda a explorar diferentes posibilidades sin sentir que tiene que tomar decisiones definitivas.

LOS ESTUDIOS Y LA ORIENTACIÓN LABORAL

Uno de los retos que llegan en la adolescencia es el tema académico. En muchas ocasiones el cambio a secundaria conlleva que el rendimiento académico de nuestros hijos baje y aparezcan los primeros suspensos. Puede que sea algo ocasional y que remonte sin más, o que nos sorprendamos con un boletín de calificaciones que llega con cuatro o cinco suspensos.

¿Qué se esconde detrás del fracaso escolar?

Es en lo primero que debemos pensar: qué está sucediendo para que las notas de nuestro hijo o hija no sean las deseables y no se ajusten a su capacidad o a su esfuerzo.

Te detallo algunas causas que pueden esconderse detrás de los suspensos:

- Malestar emocional: cuando una persona no se encuentra bien, por el motivo que sea, esto afecta directamente a su rendimiento en todas las áreas de la vida. Los adolescentes suelen ser reservados y les cuesta en muchas ocasiones hacernos partícipes de sus estados internos, y aunque los veamos aparentemente bien, tal vez están atravesando un mal momento.

- Trastornos no diagnosticados antes. Te sorprendería ver cuántos casos de TDAH (trastorno por déficit de atención e hiperactividad, del subtipo inatento) pasan desapercibidos hasta la adolescencia o incluso la edad adulto, sobre todo cuando son leves. Muchas veces es en el paso a secundaria cuando se hacen visibles, pues aumenta considerablemente la exigencia académica.

- Sufrir *bullying* o abuso sexual. Una de las formas en que estas dos formas de maltrato afectan al menor es en la esfera de sus estudios. En ambos casos a veces pasan meses hasta que lo cuentan, pues se sienten culpables y avergonzados, y uno de los primeros síntomas es el bajo rendimiento escolar, pero no el único: desánimo, aislamiento social, tristeza, irritabilidad…

- Desmotivación. Puede venir porque no le ven el sentido a lo que hacen, o simplemente porque no les hemos creados necesidades: es decir, tienen todos los privilegios sin tener que esforzarse. No tienen necesidad.

- No saben estudiar. Muchas veces al pasar a secundaria se hace evidente que no tienen las técnicas y hábitos de estudio adecuados. Especialmente si son niños inteligentes, hasta ahora no les ha hecho falta esforzarse mucho y han tirado de memoria para ir sacando el curso, pero ahora que la exigencia académica aumenta significativamente, se hacen patentes estas carencias.

Si el fracaso escolar aparece de forma muy brusca, no es algo puntual o implica varias asignaturas y se mantiene en el tiempo, te recomendaría que explores cuál de estos motivos pueden estar provocándolo. No dudes en llevar a tu hijo a un psicólogo, es mejor evaluar qué puede estar pasando y actuar cuanto antes, para evitar que se queden atrás y empiecen a acumular lagunas de conocimiento, se desmotiven, y acabe afectando a su autoestima.

La adolescencia es un momento crucial para que nuestros hijos comiencen a vislumbrar su futuro, no porque deban tener todas las respuestas ahora, sino porque es una etapa perfecta para que se conozcan mejor a sí mismos. Este proceso implica explorar sus talentos, identificar sus competencias y habilidades, y reflexionar sobre sus intereses y pasiones. Es en ese punto de inflexión donde empiezan a definir un posible proyecto profesional que conecte con su identidad y les permita tomar decisiones más conscientes sobre sus estudios.

Según la teoría del desarrollo vocacional de Donald Super, la adolescencia es la etapa de «exploración», donde los jóvenes empiezan a imaginar posibles carreras basadas en sus intereses, valores y habilidades. Esta fase no busca decisiones definitivas, sino abrir posibilidades que puedan evolucionar con el tiempo.

Conocerse a uno mismo no es algo que ocurra de la noche a la mañana. Es un proceso que necesita reflexión y, sobre todo, experiencias. Muchas veces, los adolescentes tienen ideas vagas sobre lo que les gusta o lo que se les da bien, y otras veces ni siquiera lo han pensado porque nadie los ha invitado a hacerlo. Es aquí donde los padres tenemos un papel fundamental, no para dirigir ni imponer, sino para acompañar y facilitar este proceso de descubrimiento.

La orientación profesional no debería ser un plan rígido ni una meta inamovible. Al contrario, es una oportunidad para que nuestros hijos reflexionen sobre quiénes son, qué les motiva y cómo pueden contribuir al mundo a su manera. La clave está en hacer preguntas que les ayuden a explorar: ¿qué asignaturas disfrutas más?, ¿qué actividades te hacen sentir bien?, ¿en qué momentos te sientes realmente capaz? Estas reflexiones no solo les ayudarán a identificar posibles caminos, sino que también reforzarán su autoconfianza.

Pero no podemos ignorar el impacto de las expectativas externas. Nuestros adolescentes se enfrentan a presiones constantes: la opinión de sus amigos, los consejos de los profesores, o incluso nuestras propias expectativas como padres. Es fácil caer en la tentación de proyectar en ellos nuestras frustraciones o sueños no cumplidos, pero debemos recordar que ellos son los protagonistas de su vida. Aunque queremos lo mejor para ellos, no podemos olvidar que sus decisiones deben ser suyas.

«Recuerdo a una madre que acudió a consulta preocupada porque su hijo no sabía qué carrera elegir. Había sacado buenas notas durante toda la secundaria, pero ahora se sentía bloqueado, presionado por cumplir expectativas. "No quiero decepcionar a nadie", me confesó el chico. Venía de una familia de médicos y se esperaba de él que siguiera con la saga familiar. Este tipo de presión no solo frena la exploración natural, sino que puede generar un miedo al fracaso que les impide avanzar».

Esto no significa que debamos mantenernos al margen. Guiarlos no implica decidir por ellos, sino ayudarles a explorar las opciones disponibles, mostrarles posibles caminos y, sobre todo, transmitirles la confianza de que tienen las herramientas necesarias para construir su futuro. Si un adolescente siente que sus padres creen en él, tendrá más seguridad para tomar decisiones, incluso si no son las que nosotros habríamos elegido.

También es importante ofrecerles información realista sobre las opciones que tienen a su alcance. Hablar sobre lo que implica cada campo de estudio, las oportunidades laborales y los retos de cada profesión puede ayudarles a tomar decisiones más informadas. Pero más allá de esto, es clave darles espacio para equivocarse y aprender de sus errores, porque el camino hacia un futuro profesional no es lineal.

Definir un proyecto profesional no se trata solo de elegir una carrera o un trabajo, sino de construir una vida con sentido. Como padres, nuestro mayor reto es mantener un equilibrio entre guiarlos y darles libertad, entre apoyarlos y permitir que encuentren su camino. Porque, al final, lo más importante no es el camino que elijan, sino que lo recorran con la certeza de que cuentan con nuestro apoyo incondicional.

«Ayudar a adolescentes a esbozar su proyecto de vida es algo que hago habitualmente en consulta. Uso algunas estrategias que los invitan a reflexionar y a conocerse mejor. En primer lugar, siempre les lanzo una pregunta (abriendo la palma de la mano frente a ellos): ¿sabías que los próximos cinco años de tu vida definirán los próximos sesenta? Se quedan mirándome estupefactos, pensando en que creían precisamente lo contrario: que los años de la adolescencia son para experimentar, divertirse y que son simplemente el preludio de la adultez, donde ahí, sí, tendrán que ponerse manos a la obra. Pero no es así. Las decisiones que marcan el resto de su vida muchas veces se toman en estos años: dejar los estudios y ponerse a trabajar, elegir una carrera u otra, si empiezan a consumir drogas, la pareja que eligen…

Hacen un mapa mental en un folio, en el centro dibujamos un círculo que contiene la edad que tendrán dentro de cinco años. De ese círculo salen rayas que acaban en otros círculos donde el chico o la chica van poniendo cómo se ven a sí mismos a esa edad en las diferentes esferas de su vida. Si se ven con pareja o solteros, viviendo en un piso compartido, trabajando o estudiando…

Luego, una vez terminamos juntos, lo leemos y visualizamos cómo será su vida. Normalmente, sonríen satisfechos, pues sus sueños a medio plazo están plasmados ahí.

La siguiente pregunta que les hago es: ¿lo que estás haciendo ahora te lleva hacia ahí? Muchas veces la sonrisa se desvanece. Acumulan suspensos, van a la deriva y pasan demasiado tiempo jugando a la videoconsola. Es una buena reflexión, son conscientes, probablemente por primera vez, de que si no se ponen las pilas, su vida dentro cinco años no será la soñada, sino una mucho más vacía y frustrante.

Entonces les explico lo que son en términos psicológicos las crisis vitales. Una persona a los cuarenta o cincuenta se para, mira su vida, y ve que poco se parece a lo que más o menos conscientemente imaginaba que sería. Sin embargo, las personas que encontraron su camino y siguieron con tesón sus sueños, que viven alineados con quienes querían ser, y es en quien se han convertido, no atraviesan esas crisis».

El desarrollo de habilidades para la vida es un viaje que comienza en la infancia y que cobra una importancia crucial en la adolescencia. En este capítulo hemos explorado cómo fomentar la autonomía, gestionar el estrés, construir una autoestima sólida, encontrar un propósito y tomar decisiones sobre el futuro profesional. Todos estos elementos están profundamente conectados, como piezas de un puzle que forman la base del bienestar y la resiliencia en la vida adulta. Acompañar a tu hijo en este camino es un verdadero privilegio. O al menos así lo veo yo.

★　　　★

CAPÍTULO 7

CONSTRUYENDO RELACIONES SALUDABLES

Hay otros aspectos que nos preocupan especialmente durante etapa, y son las relaciones sociales. Hasta ahora conocíamos a todos los amigos de nuestros hijos, compañeros del colegio básicamente. Pero en la adolescencia su círculo social se amplía: el paso del colegio al instituto conlleva muchas veces un cambio de centro y nuevos compañeros. Las primeras salidas posibilitan que conozcan a mucha más gente. Y muchos de sus amigos pasan a ser completamente desconocidos para nosotros.

Aparece entonces el miedo a las «malas influencias», al consumo de drogas, a las relaciones sexuales, a que suban en coches de desconocidos y un largo etcétera.

Pero no podemos educar desde el miedo. Más bien desde el conocimiento, la serenidad y la confianza.

LAS RELACIONES CON LOS AMIGOS

La amistad en la adolescencia es mucho más que compartir momentos divertidos o intereses comunes. Es un espacio donde nuestros hijos experimentan la intimidad emocional fuera del núcleo familiar, donde aprenden a confiar, a resolver conflictos y, sobre todo, a explorar su identidad. Como padres, a veces puede resultarnos difícil aceptar que, durante esta etapa, las relaciones con sus amigos ocupan un lugar central, pero esto no debe preocuparnos: esta evolución es natural y necesaria para su desarrollo.

El poder de la pertenencia

El sentimiento de pertenencia a un grupo de amigos es fundamental en la adolescencia. Es en estas relaciones donde encuentran un lugar donde sentirse aceptados tal como son, sin las expectativas o normas que suelen sentir en casa o en la escuela. Esta necesidad de pertenecer es tan potente que puede influir en su forma de vestir, hablar o comportarse. Aunque estas influencias puedan parecer superficiales, en realidad son expresiones de su intento por encontrar un equilibrio entre su individualidad y su conexión con los demás.

Como padres, podemos sentirnos tentados a juzgar a sus amigos o a preocuparnos si vemos cambios en su comportamiento. Sin embargo, en lugar de criticar, es más útil tratar de entender qué les aportan esas relaciones. Preguntarles cómo se sienten con sus amigos o qué les gusta de ellos puede abrir un espacio de diálogo valioso.

Más de una vez te tocará morderte la lengua, pero es el precio que tienes que pagar para que sigan contándote cosas.

¿Qué caracteriza una amistad saludable?

No todas las amistades son iguales ni todas son positivas. Una amistad saludable es aquella que contribuye al bienestar emocional, fomenta la confianza y el respeto mutuo, y ofrece apoyo en los momentos difíciles. Los amigos saludables no solo están presentes en los buenos momentos, sino que también saben decir «no» cuando algo no está bien y ofrecer críticas constructivas cuando es necesario.

Carl Rogers, uno de los padres de la psicología humanista, señalaba que las relaciones auténticas se basan en tres pilares fundamentales:

- **Congruencia:** ser uno mismo, sin máscaras ni falsedades.
- **Empatía:** ponerse en el lugar del otro, comprendiendo sus emociones sin juzgarlas.
- **Aceptación incondicional:** valorar a la otra persona tal como es, sin intentar cambiarla.

Enseñar a nuestros hijos a buscar y valorar estas cualidades en sus amistades les ayudará a construir relaciones más enriquecedoras y duraderas.

Cuando te cuenten discusiones o conflictos con amigos, intenta mantener una escucha activa y responder de manera respetuosa, sin entrar en críticas destructivas. Más bien a través de preguntas invítale a reflexionar sobre cómo se siente en esa relación, o qué le impide ponerle límites a esa persona. Piensa que necesitan tiempo para aprender a gestionar estas cosas, las habilidades sociales no se aprenden de un día para otro. Es importante también que le cuentes ejemplos de situaciones similares que hayas vivido, cómo las has gestionado tú, los errores que pudiste cometer y cómo te sentiste. Es una forma de validar cómo se siente, darle opciones y soluciones como ejemplo, y dejarle a su vez el espacio para que afronte los problemas por él mismo.

Ejemplos prácticos para manejar situaciones concretas

1. No me gustan sus amigos

Es común que algunos padres no se sientan cómodos con las amistades de sus hijos. Tal vez porque perciben actitudes negativas, falta de respeto o una influencia que consideran inadecuada.

En estas situaciones, es crucial actuar con cautela. Criticar abiertamente a sus amigos puede llevar a que tu hijo se cierre y se aferre aún más a esas relaciones.

Qué hacer:

- Pregunta con curiosidad genuina: «¿Qué es lo que más te gusta de pasar tiempo con ellos?».

- Habla desde tu preocupación y no desde el juicio: «Me preocupa que algunos de sus comentarios no sean respetuosos contigo. ¿Cómo te sientes tú con eso?».

- Evita imponer prohibiciones sin fundamento. En lugar de eso, guía la conversación hacia una reflexión. Por ejemplo: «A veces parece que no te sientes tan cómodo con ellos. ¿Es así o me equivoco?».

2. Se deja influenciar mucho por el grupo

Muchos adolescentes, en su necesidad de pertenecer, pueden adoptar comportamientos que no coinciden con sus valores o los de su familia. Esto puede generar conflictos, especialmente cuando el grupo tiene actitudes que consideras problemáticas.

Qué hacer:

- Refuerza su autoestima: Recuérdale sus cualidades y fortalezas, y ayúdale a entender que no necesita cambiar quién es para ser aceptado.

- Habla de valores: «Sé que tus amigos piensan que saltarse una clase no es importante, pero ¿tú qué opinas? ¿Crees que eso te acerca o te aleja de tus metas?».

- Usa ejemplos positivos: «Recuerdo que una vez me dijiste que admirabas a tu primo por mantenerse firme cuando sus amigos querían que hiciera algo con lo que no estaba de acuerdo. Eso es algo que tú también puedes hacer».

3. Le dejan de lado o le tratan mal en su propio grupo de amigos

Es doloroso para cualquier padre ver a su hijo excluido o maltratado por sus amigos. Sin embargo, esta experiencia puede convertirse en una valiosa oportunidad de aprendizaje si se aborda correctamente.

Qué hacer:

- Valida sus sentimientos: «Entiendo que te sientas triste y decepcionado. Es muy doloroso cuando las personas en las que confiamos no nos tratan bien».

- Ayúdale a reflexionar: «¿Por qué crees que están actuando así? ¿Es algo que has notado antes?».

- Ofrece herramientas para manejar la situación: «Si vuelven a ignorarte o a hablarte mal, podrías decir algo como "No me gusta cómo me estás tratando". ¿Podrías decirles algo así?, ¿qué te da miedo de hacerlo?».

- Explora nuevas opciones: Si la exclusión persiste, anímalo a participar en actividades donde pueda conocer a otros adolescentes con intereses comunes. Por ejemplo: deportes, teatro o voluntariado. Abrirse a otros grupos de amigos a veces les cuesta, están acostumbrados a un grupo cerrado con quienes comparten todo. Sin embargo, cuando empieza a moverse en diferentes grupos la situación cambia, se sienten más libres y menos presionados, pues tienen más opciones. Lo que más teme un adolescente es quedarse solo, por eso muchas veces aguantan cosas que no deberían, por miedo a la exclusión.

Cómo enseñarles a reconocer relaciones tóxicas

Es importante que nuestros hijos aprendan a identificar señales de una relación tóxica o desequilibrada, como:

- **Control excesivo:** Cuando un amigo intenta influir en todas sus decisiones o limita con quién puede relacionarse.

- **Falta de respeto:** Insultos, burlas o comentarios que minan su autoestima.

- **Dependencia emocional:** Una relación en la que uno de los amigos demanda constantemente atención o apoyo sin reciprocidad.

Un ejercicio práctico para trabajar estos conceptos es invitarlos a reflexionar sobre cómo se sienten después de pasar tiempo con sus amigos. Pregúntales: «¿Te sientes mejor contigo mismo después de estar con ellos? ¿O sientes que tienes que esforzarte demasiado para agradarlos?».

Sé que te estoy animando a hacer muchas preguntas a tus hijos, y tal vez te parezca forzado, o incluso incómodo. Pero es una estrategia muy efectiva que los psicólogos usamos mucho. Las preguntas invitan a una reflexión profunda, y muchas veces en esa misma respuesta se dan cuenta de cosas de las que no eran conscientes. A veces también aparece la respuesta o solución, saliendo de ellos mismos, sin que hayamos tenido que dársela. Y esa es una manera maravillosa de ayudarles a darse cuenta de las cosas por sí mismos.

El papel de los padres en las amistades de sus hijos

Aunque los amigos se convierten en una influencia crucial durante la adolescencia, los padres no desaparecen del todo de este escenario. Nuestro papel sigue siendo esencial como guías y modelos de relaciones saludables. Aquí hay algunas formas de acompañarlos en esta etapa:

- Modelar relaciones respetuosas: Nuestros hijos observan cómo tratamos a nuestros propios amigos y cómo manejamos los conflictos en nuestras relaciones.

- Crear un espacio seguro para hablar: Anímalos a compartir lo que sienten respecto a sus amistades sin miedo a ser juzgados.
- Ofrecer apoyo discreto: Si detectamos que están en una relación problemática, en lugar de imponerles soluciones, podemos hacer preguntas que los lleven a reflexionar y tomar decisiones por sí mismos, como hemos visto en el apartado anterior.

Amistades, alcohol, drogas y salidas nocturnas

La adolescencia es una etapa llena de primeras veces. Las primeras salidas nocturnas, las primeras fiestas, el primer contacto con un mundo que hasta ahora les había estado vedado. Para ellos, es una puerta hacia la libertad y la autonomía; para nosotros, un mar de dudas y temores. ¿Cómo podemos guiarlos en estos momentos tan críticos sin coartar su independencia, pero protegiéndolos de riesgos innecesarios?

El alcohol, las drogas y las dinámicas sociales que giran en torno a ellos son una preocupación constante para los padres. Aunque estas situaciones no son nuevas, los contextos en los que ocurren han cambiado. La presión social, amplificada por las redes sociales, el acceso más fácil a sustancias y la normalización de ciertos comportamientos en la cultura juvenil han hecho que estos temas sean más complejos de abordar. Pero, como en todo lo relacionado con la adolescencia, el secreto no está en prohibir, sino en educar, dialogar y acompañar.

Además, si son niños temperamentales, intensos o muy sensibles, puede que encuentren en el consumo de sustancias una forma de regular sus emociones.

¿Por qué los adolescentes experimentan con alcohol y drogas?

Para entender cómo abordar este tema, es importante reflexionar sobre las razones que llevan a los adolescentes a probar alcohol o drogas. Como ya hemos visto, la necesidad de pertenecer a un grupo es una de las principales motivaciones. En una etapa donde la identidad se construye en gran parte a través de la aceptación social, decir «no» puede sentirse como un riesgo mayor que asumir las consecuencias de decir «sí». Además, la curiosidad, el deseo de experimentar sensaciones nuevas y la búsqueda de límites son características naturales de esta etapa del desarrollo.

Desde el punto de vista neurobiológico, el cerebro adolescente está en pleno desarrollo, especialmente en áreas relacionadas con el autocontrol y la toma de decisiones. Esto significa que son más propensos a actuar por impulso y menos capaces de evaluar las consecuencias a largo plazo. Por eso, nuestra tarea como padres es ser esa brújula externa que les ayude a tomar decisiones más conscientes, incluso cuando su cerebro les juegue en contra.

Preparándolos para el mundo real: hablar sobre los riesgos

Hablar de alcohol y drogas no debería ser un monólogo lleno de advertencias y amenazas. Los adolescentes tienden a desconectarse cuando perciben que estamos sermoneando. En lugar de eso, podemos enfocarnos en tener un diálogo abierto, donde sientan que sus preguntas y opiniones son bienvenidas. Pero la realidad es que nos cuesta hablar sobre estos temas, más bien advertimos y prohibimos, pero en la mayoría de las ocasiones son temas que nos cuesta abordar, al igual que la sexualidad.

Es complejo abordar este tema porque cuesta más encontrar una postura en la que nos encontremos cómodos, y además sea realista. En un mundo ideal, prohibiríamos cien por cien el consumo de esas sustancias. Pero la realidad es que, en este caso, esos mensajes extremos suenan poco realistas, convincentes y sobre todo difíciles de mantener. En primer lugar porque muchas veces nosotros mismos consumimos esas sustancias, aunque sea de manera ocasional, y nuestros hijos lo ven. Cuesta mucho prohibir algo que nosotros mismos hacemos, sobre todo en la adolescencia, cuando su capacidad de argumentación es implacable.

Por otro lado, está el tema de nuestros propios valores, y nuestro estilo educativo. Tal vez decidamos optar por un estilo más flexible y normalicemos el consumo de alcohol ocasionalmente, o por el contrario defendamos férreamente el consumo cero.

En cualquier caso, es vuestra decisión y es totalmente respetable. Ahora bien…, vuelve al ejercicio del principio. Recuerda cómo eras tú en la adolescencia, tus primeras salidas, si consumiste o no alcohol y drogas, cómo reaccionaban tus padres, y sobre todo qué hubieras necesitado de ellos.

Después de este ejercicio, de tomarte unos minutos para recordar tu adolescencia, quizá tengas una perspectiva diferente sobre cómo abordar este tema.

Una buena manera de empezar a abordar el tema es hablar con tus hijos sobre esto. Y no lo dejes para muy adelante, según la Encuesta sobre Alcohol y otras Drogas en España (EDADES) 2024, la edad media de inicio en el consumo de diversas sustancias es la siguiente:

- **Alcohol:** 16,4 años.
- **Tabaco:** 16,6 años.
- **Cannabis:** 18,4 años.

Así que debes hacerlo antes de esa edad.
Por ejemplo:

- **Sobre el alcohol:** Explícale cómo afecta al cuerpo y al cerebro. Habla sobre la pérdida de control que puede provocar, no solo en términos de comportamiento, sino también de vulnerabilidad. Esto es muy importante relacionarlo con los peligros que supone esa pérdida de autocontrol e incluso conciencia en relación con los abusos sexuales por ejemplo. Háblale también de las distintas graduaciones del alcohol, y de la cantidad que aunque aparentemente pequeña de algunos destilados puede afectarles rápidamente y más de lo que imaginan. Dales también opciones en el caso de que beban y se encuentren mal: que sepan qué hacer.

- **Sobre las drogas:** Hablar de las consecuencias reales, sin exageraciones, les ayuda a poner las cosas en perspectiva. Puedes mencionar ejemplos cercanos o noticias actuales que ilustren cómo estas sustancias pueden impactar la salud física, mental y social. También es importante abordar la diferencia entre lo que ven en la cultura popular y la realidad. A menudo, el consumo de drogas se idealiza en canciones, series o redes sociales, lo que puede distorsionar su percepción.

- **Sobre decir NO:** Como ya hemos comentado, uno de los mayores retos para los adolescentes es aprender a manejar la presión social. Muchas veces saben que no quieren beber o probar algo, pero no saben cómo decirlo sin sentirse juzgados o excluidos. Aquí es donde podemos intervenir, enseñándoles frases simples y efectivas como:

  - «No, gracias, estoy bien con agua».

  - «Hoy no quiero beber, tengo entrenamiento mañana».

  - «Prefiero estar sobrio, me toca llevar el coche».

Normas claras, pero con flexibilidad

Cuando lleguen las primeras salidas nocturnas, establecer normas claras es fundamental. Esto no solo les da un marco de referencia, sino que también les transmite la idea de que nos preocupamos por su seguridad. Algunas reglas básicas podrían incluir:

- Tener una hora de regreso razonable, ajustada a su edad y contexto.

- Avisar si cambian de lugar o de compañía.

- Asegurarse de tener siempre una forma segura de volver a casa, ya sea con transporte público, en un coche compartido o llamándonos.

Sin embargo, las normas no deben ser rígidas. Habrá ocasiones en las que las circunstancias cambien, y es importante que sepan que pueden hablar con nosotros para negociar o explicar la situación. Por ejemplo, si una fiesta se extiende un poco más de lo planeado, es mejor que nos avisen a que simplemente rompan las reglas.

«Sin preguntas»

Más allá de las normas y las conversaciones preventivas, lo que realmente protege a nuestros hijos es la confianza mutua. Si saben que pueden contar con nosotros sin miedo a sermones o represalias, estarán más dispuestos a acudir a nosotros cuando algo no vaya bien. Una frase tan simple como «Si alguna vez te sientes incómodo o necesitas ayuda, llámame. No importa la hora ni la situación, simplemente dime "Sin preguntas", y yo ya sé que voy a ir a recogerte y no haré preguntas».

Esta es una herramienta muy poderosa. Enfatiza nuestro papel como «lugar seguro» cuando se metan en un lío, y evita que no acudan a nosotros por miedo a las represalias. Para mí esto es lo más importante: que, cuando estén en problemas, se equivoquen o hagan una trastada, sepan que pueden acudir siempre a nosotros.

RELACIONES FAMILIARES

La adolescencia es una etapa de transformación no solo para los hijos, sino también para la dinámica familiar. Durante esta etapa, los adolescentes comienzan a buscar su independencia, redefiniendo los límites de la relación con sus padres y hermanos. Esta transición puede ser desafiante, pero también es una oportunidad única para fortalecer el vínculo familiar y sentar las bases de una relación madura y respetuosa en la adultez.

John Bowlby, conocido por su teoría del apego, subrayó que los vínculos familiares seguros proporcionan una base sólida desde la que los niños y adolescentes pueden explorar el mundo. Aunque en la adolescencia nuestros hijos tienden a distanciarse para ganar autonomía, el vínculo emocional con la familia sigue siendo un ancla esencial para su desarrollo emocional. Como decía Carl Jung: «La única cosa que importa en última instancia en la vida es nuestra relación con los demás», y la familia es el primer lugar donde se construyen estas conexiones esenciales.

El rol de los padres: de guías a acompañantes

Durante la infancia, los padres ocupamos un rol directivo. Sin embargo, en la adolescencia, nuestra tarea se transforma: dejamos de ser los protagonistas y pasamos a ser guías y acompañantes. Este cambio no siempre es fácil. A menudo sentimos que estamos perdiendo el control o que ya no somos necesarios, pero nada más lejos de la realidad. Nuestros hijos todavía nos necesitan, solo que de una forma diferente.

Fomenta la comunicación abierta. Acepta que cometerán errores: en lugar de castigar duramente sus fallos, ayúdales a reflexionar. Ajusta tus expectativas: recuerda que la adolescencia es una etapa de prueba y error. Mantén el enfoque en el aprendizaje, no en la perfección.

Conflictos familiares: inevitables, pero manejables

El deseo de autonomía de los adolescentes puede generar tensiones en casa. Es normal que surjan desacuerdos sobre temas como las salidas, el uso del móvil, las tareas domésticas o las normas familiares. Estos conflictos no son necesariamente negativos; de hecho, pueden ser una oportunidad para enseñar habilidades de resolución de problemas y fomentar la empatía.

Si tu hijo insiste en quedarse hasta más tarde en una fiesta, en lugar de imponer un «no» categórico, prueba a dialogar: «Entiendo que quieras quedarte más tiempo. ¿Cómo podemos encontrar un punto medio que nos deje tranquilos a ambos?». Este tipo de conversaciones enseñan a negociar y a tomar en cuenta las necesidades de los demás.

Diferencias en la relación con la madre y con el padre

Durante la adolescencia, los hijos suelen establecer relaciones diferenciadas con cada uno de los padres. Estas diferencias no son una cuestión de favoritismo, sino una expresión natural de sus necesidades emocionales y del rol que cada figura parental desempeña en su vida.

La relación con la madre suele ser vista como la figura que ofrece contención emocional y cercanía. Los adolescentes, especialmente en momentos de vulnerabilidad, tienden a buscar a la madre para expresar sus emociones y sentirse comprendidos. Sin embargo, también es común que la relación con la madre sea más propensa a conflictos, ya que el adolescente puede percibirla como la figura que «controla» aspectos de su vida diaria, como los estudios o las normas del hogar.

La relación con el padre, por otro lado, tiende a ser percibida como una figura de orientación externa, alguien que les ayuda a proyectarse hacia el mundo. Las conversaciones sobre el futuro, las decisiones importantes o los intereses compartidos suelen fortalecerse en esta relación. Sin embargo, algunos padres pueden tener dificultades para conectar emocionalmente, especialmente si el adolescente se muestra reservado o desafiante.

Es importante que ambos padres se esfuercen por mantener un vínculo fuerte y positivo. Para lograrlo, escucha activamente. Tanto la madre como el padre deben estar disponibles para escuchar sin juzgar. Dedicar tiempo a solas: planificar momentos individuales con cada hijo permite fortalecer la relación y conocerlo mejor. Por ejemplo, un café juntos, un paseo en bicicleta o incluso cocinar una comida favorita pueden convertirse en momentos de conexión. Si algo he aprendido con mis hijos, es que la clave para que se comuniquen es elegir bien el momento. No tiene por qué ser cuando ha surgido el problema, ni cuando aparentemente es un buen momento. A menudo las mejores conversaciones con mis hijos y cuando más se han abierto conmigo es cuando estamos a solas, haciendo algo que es importante para ellos (aunque sea ir a comprarle un archivador), pero sobre todo a solas. En casa está el otro padre o madre, hermanos… Ellos están a lo suyo en su cuarto, y pueden vivir el deseo de iniciar una conversación como una invasión y una interrupción.

Otro aspecto importante para favorecer es salir del rol de «consejeros» cuando nos cuentan sus cosas. Una escucha empática, sin juzgar, y sin dar opiniones ni consejos si no nos los piden. Como hablarías con un amigo o un compañero de trabajo. Esto hace que se sientan cómodos, la conversación fluye y se sienten escuchados de verdad.

La importancia de pasar tiempo individual con cada hijo

La dinámica familiar a menudo prioriza las actividades en grupo, pero los momentos a solas con cada hijo son igual de cruciales. Pasar tiempo individual no solo refuerza el vínculo personal, sino que también les brinda un espacio seguro para abrirse y compartir sus pensamientos y sentimientos.

Si tienes dos hijos adolescentes, organiza actividades separadas con cada uno. Por ejemplo, lleva a uno al cine mientras al otro le propones una caminata. Durante estos momentos, evita hablar de temas conflictivos y céntrate en disfrutar de la compañía mutua.

Estos encuentros también pueden ser una oportunidad para hablar de temas importantes, como sus sueños, preocupaciones o metas futuras. La clave es estar presentes, demostrar interés genuino y mostrarles que valoras ese tiempo juntos.

Relaciones familiares en contextos de divorcio

Cuando los padres están separados o divorciados, la dinámica familiar cambia, pero esto no significa que los vínculos deban debilitarse. De hecho, mantener una relación saludable con ambos padres es fundamental para el bienestar emocional de los hijos.

Qué necesitan los adolescentes en este contexto: estabilidad emocional. Los adolescentes necesitan sentir que, aunque los padres ya no estén juntos, ambos están comprometidos en su crianza y bienestar. Evitar los conflictos: los desacuerdos entre los padres deben mantenerse fuera del alcance de los hijos. Como señala Daniel Goleman, «la calidad de las relaciones familiares influye profundamente en el desarrollo emocional de los niños». Tiempo de calidad con ambos padres: asegúrate de que pasen tiempo significativo con ambos, sin importar quién tenga la custodia principal.

Si tienes custodia compartida, planifica actividades que les permitan disfrutar contigo, sin sentir que deben «elegir» entre uno u otro. Además, evita hablar mal de tu expareja frente a ellos, ya que esto puede generar lealtades divididas y estrés emocional.

Diez errores comunes que los padres separados cometen

La separación de los padres marca un antes y un después en la vida de cualquier niño o adolescente. Aunque muchas parejas logran manejar este proceso de forma respetuosa y equilibrada, hay errores que, a menudo de manera involuntaria, terminan afectando profundamente a los hijos. Aquí exploramos diez de esos errores con ejemplos concretos para que puedas reconocerlos y evitar que impacten en tu familia.

Hablar mal del otro progenitor es uno de los errores más frecuentes. Las críticas y comentarios despectivos pueden generar en los hijos una sensación de deslealtad y confusión, ya que aman a ambos padres. Por ejemplo, un adolescente podría pensar: «¿Por qué mi madre dice eso de mi padre? ¿Está mal que le quiera?». En su lugar, es mejor ser neutral. Por ejemplo: «Tu padre tiene una agenda muy ocupada, pero seguro que encontraréis un rato para estar juntos».

Utilizar a los hijos como mensajeros es otro error común. Pedirles que transmitan información entre los padres los coloca en medio de un conflicto que no les corresponde. «Mi madre siempre me decía: "Dile a tu padre que ya es hora de que me devuelva el dinero que le presté". Me sentía incómoda porque no sabía cómo decírselo a mi padre». La solución es mantener una comunicación directa entre los adultos a través de mensajes, correos electrónicos o llamadas, sin involucrar a los hijos.

Hacer comparaciones o culpar al otro también afecta profundamente a los hijos. Los hijos no deben cargar con comentarios que sugieran que uno de sus padres es mejor que el otro. Reconocer los aspectos positivos del otro progenitor, incluso si existen diferencias, es fundamental para su bienestar emocional.

Alterar los horarios o incumplir acuerdos genera inestabilidad. «El padre de mis hijos cancelaba las visitas a última hora y ellos pasaban el fin de semana esperándolo. Fue devastador para ellos». Respetar los acuerdos, o al menos informar con antelación si algo cambia, demuestra compromiso y cuidado.

Competir por el afecto de los hijos con regalos o permisos excesivos puede generar conflictos y confusión en ellos. En lugar de competir, es importante mantenerse firme en los valores familiares, aunque sea difícil.

Involucrar a los hijos en conflictos legales es otro error delicado. Exponerlos a discusiones sobre manutención o batallas legales los sobrecarga emocionalmente. Mantén estos temas fuera de su alcance. Si necesitas desahogarte, busca un amigo o terapeuta, no a tus hijos.

Subestimar el impacto emocional de la separación puede llevar a pensar que los niños «se adaptarán» sin necesidad de procesar lo sucedido. Abrir espacios para que expresen sus emociones es clave. Pregúntales cómo se sienten y escucha sin juzgar.

Sobrecompensar con indulgencia es una reacción común motivada por la culpa. Los límites son una muestra de amor y protección, no de control. A menudo veo que los padres tratan de ser mejor que el otro, o que el hijo los quiera más. Y en esa búsqueda, que solo obedece a sus necesidades, «compran» al niño con regalos y caprichos o son muy permisivos. Darse cuenta aquí de que esto puede (entre comillas) ser bueno para nosotros, pero no para nuestros hijos.

No buscar ayuda profesional cuando es necesario puede dejar cicatrices emocionales profundas. «Cuando mis padres se separaron, nadie me preguntó cómo estaba. Hubiera querido hablar con alguien, pero no sabía cómo hacerlo». Si notas que tu hijo está retraído, irritable o con cambios en su rendimiento académico, considera buscar el apoyo de un psicólogo especializado.

El conflicto de lealtades es una situación emocional compleja que puede surgir en los hijos de padres divorciados cuando sienten que deben tomar partido o posicionarse a favor de uno de sus progenitores, lo que les genera un profundo malestar interno. Este conflicto no es algo que los adolescentes expresen abiertamente; a menudo, se manifiesta a través de comportamientos o emociones difíciles de descifrar, como el enfado, la tristeza, la ansiedad o el aislamiento.

Imagina por un momento lo que puede significar para un adolescente amar a dos personas que, a su vez, tienen diferencias importantes entre ellas. En el corazón de un conflicto de lealtades, los adolescentes sienten que, al querer y mantener una buena relación con un progenitor, podrían estar traicionando al otro. Esto crea una batalla interna en la que las emociones se entremezclan con sentimientos de culpa, miedo y confusión.

Por ejemplo, pueden pensar cosas como: «*Si le cuento a mi madre que lo pasé bien con mi padre, se enfadará o se pondrá triste*», o «*Si le digo a mi padre que echo de menos a mi madre, creerá que no quiero estar con él*». Estos pensamientos son desgastantes y, con el tiempo, pueden afectar su autoestima, sus relaciones familiares e incluso su bienestar emocional.

Un adolescente que vive este conflicto puede experimentar una presión constante por intentar equilibrar las relaciones con ambos padres, a menudo sacrificando sus propios deseos y necesidades para no herir a ninguno de los dos. Puede que evite hablar de uno con el otro, guarde secretos o minimice sus emociones, lo que aumenta su sensación de soledad y aislamiento. En algunos casos, el conflicto de lealtades puede generar comportamientos contradictorios, como estar excesivamente complaciente con ambos progenitores o, por el contrario, mostrarse distante y rebelde como una forma de escapar de la situación.

Para los adolescentes, este conflicto no es solo una cuestión de elegir entre dos personas; es un dilema emocional profundo que pone en juego su estabilidad y su identidad. Por eso, como padres, es esencial estar atentos a estas dinámicas y buscar maneras de aliviar esta carga. Mostrarles que pueden amar y disfrutar del tiempo con ambos progenitores sin miedo a decepcionar a ninguno es clave para proteger su bienestar emocional. La comunicación abierta, la validación de sus sentimientos y la colaboración entre los padres son fundamentales para que los adolescentes puedan navegar este proceso sin sentirse atrapados en un conflicto que nunca deberían haber tenido que afrontar.

Cuando una pareja decide separarse, la relación entre ellos cambia, pero hay algo que nunca se rompe: el vínculo que ambos comparten con sus hijos. Un hijo no deja de ser hijo de su madre ni de su padre, independientemente de los acuerdos legales, las diferencias personales o las nuevas circunstancias de vida.

Esto no es solo un hecho, es un derecho fundamental de los niños: crecer rodeados del amor, la guía y el apoyo de ambos progenitores.

Es importante recordar que el divorcio no termina con la responsabilidad compartida de educar y acompañar a nuestros hijos. Ser padre o madre es un compromiso de por vida, una conexión que trasciende los desacuerdos o las rupturas. Los niños tienen derecho a disfrutar de la compañía, el tiempo y el amor de ambos, sin sentir que deben elegir entre uno y otro. Ellos no pidieron esta separación, pero son quienes más la sienten y quienes más necesitan nuestra estabilidad y nuestra capacidad de colaboración como padres.

Cada momento que compartimos con nuestros hijos es una oportunidad para educarlos, para amarlos y para construir recuerdos que llevarán consigo toda su vida. Y esto no debería depender del estado civil de los padres. Sean cuales sean las circunstancias, ambos tienen el derecho y la responsabilidad de participar activamente en sus vidas, de ser esa guía sólida que les enseña a enfrentarse al mundo con seguridad y confianza. Porque criar a un hijo no es un privilegio exclusivo de uno de los progenitores, es una tarea compartida que solo puede cumplirse plenamente cuando ambos están comprometidos.

El tiempo no se recupera. Los cumpleaños, los logros, las lágrimas y las risas de nuestros hijos son momentos únicos que no volverán. Por eso, independientemente de las diferencias que existan entre los padres, debemos priorizar siempre el bienestar de los hijos. Ser madre o padre no es competir por su amor ni usarlos como herramientas en un conflicto. Es caminar juntos, aunque sea desde caminos distintos, hacia un objetivo común: su felicidad y su desarrollo pleno.

Reflexionemos sobre el regalo que tenemos como padres, sobre la oportunidad de formar parte activa en la vida de nuestros hijos. Dejemos de lado el orgullo, las heridas o las diferencias, y pongamos a nuestros hijos en el centro, recordando siempre que su bienestar es nuestra mayor responsabilidad. Ellos necesitan, merecen y tienen derecho a vivir el amor y la presencia de ambos. Y nosotros, como padres, también merecemos la dicha de participar en su crecimiento y verlos convertirse en las maravillosas personas que estamos ayudando a formar.

Si afrontar de esta manera la crianza estando separados es algo que te cuesta, busca ayuda profesional. Probablemente haya heridas o duelos sin resolver en relación con la ruptura, y es tu responsabilidad aceptarlo y trabajar en ello para que eso no perjudique a tus hijos.

La importancia del sentido del humor en la familia

El sentido del humor es un ingrediente esencial para mantener una relación familiar saludable y equilibrada, especialmente durante la adolescencia, cuando las tensiones pueden surgir con mayor frecuencia. Las bromas compartidas, los momentos de risa y la capacidad de no tomarse todo demasiado en serio crean una atmósfera de complicidad que fortalece los lazos entre padres e hijos.

El humor no solo aligera los momentos difíciles, sino que también actúa como una herramienta para fomentar la conexión emocional. Cuando nos reímos juntos, liberamos tensiones, derribamos barreras y recordamos que, a pesar de los retos, somos un equipo. Además, el humor compartido tiene el poder de hacer que los adolescentes, muchas veces propensos a cerrarse, se sientan más relajados y dispuestos a compartir.

La complicidad que se construye a través del humor es invaluable. Las bromas internas familiares, los apodos cariñosos o los recuerdos graciosos que todos comparten se convierten en un «lenguaje» único que refuerza el sentimiento de pertenencia. Esas pequeñas risas, que pueden surgir en los momentos más inesperados, crean una especie de refugio emocional que nuestros hijos recordarán toda la vida.

Como decía Víctor Borge: «La risa es la distancia más corta entre dos personas». En el contexto familiar, la risa no solo nos acerca, sino que también nos ayuda a construir recuerdos compartidos que durarán toda la vida.

RELACIONES ROMÁNTICAS

La adolescencia es una etapa en la que las emociones y los vínculos cobran una intensidad especial, y entre ellos, las relaciones románticas comienzan a jugar un papel importante. Estas primeras experiencias de pareja no solo son emocionantes y significativas, sino que también forman parte del aprendizaje emocional y social de nuestros hijos. Como padres, entender y acompañar este proceso sin invadir su privacidad ni subestimar la importancia de sus sentimientos es esencial para fortalecer la confianza mutua y apoyar su desarrollo.

Como dijo el psicólogo Carl Rogers: «El amor es una condición en la que la felicidad de otra persona es esencial para la propia». Este tipo de aprendizaje emocional comienza a gestarse en las relaciones románticas adolescentes, donde descubren no solo el amor, sino también la empatía, el respeto y los límites necesarios para construir vínculos saludables.

Entendiendo la importancia de las relaciones románticas en la adolescencia

Durante la adolescencia, las relaciones románticas son una oportunidad para explorar la identidad, las emociones y las habilidades interpersonales. Estas primeras experiencias permiten a los adolescentes descubrir qué les gusta, qué necesitan en una relación y cómo manejar las emociones intensas que surgen con el enamoramiento y los posibles desengaños.

Aunque a veces los padres puedan percibir estas relaciones como «superficiales» o pasajeras, para los adolescentes son profundamente significativas. Subestimar la importancia de estas experiencias puede hacer que nuestros hijos sientan que no les comprendemos o que sus emociones no son válidas.

Imagina que tu hijo te dice que está enamorado por primera vez. En lugar de restarle importancia, podrías decirle: «Me alegra que me lo cuentes. El primer amor siempre es muy especial. ¿Cómo te sientes con esta nueva experiencia?». Esta actitud valida sus emociones y abre la puerta a un diálogo sincero.

Acompañar sin invadir: un diálogo para reflexionar

Uno de los mayores retos para los padres en esta etapa es encontrar el equilibrio entre estar presentes y respetar la privacidad de sus hijos. Aquí tienes un ejemplo de cómo podrías manejar una conversación sobre su relación sin que sienta que invades su espacio:

Hija: «Creo que le gusto, pero no estoy segura».

Padre: «¿Qué te hace pensar eso?».

Hija: «A veces me mira en clase, pero luego no me dice nada».

Padre: «¿Te gustaría que te lo dijera? ¿Cómo te sentirías si lo hiciera?».

Hija: «Creo que nerviosa, pero también contenta».

Padre: «Es normal sentir nervios en estas situaciones. ¿Tú le has dado alguna muestra de que te interesa».

Este tipo de conversaciones no solo les ayudan a explorar sus emociones, sino que refuerzan la confianza entre vosotros.

Cómo abordar los desengaños y rupturas

El desamor es una experiencia difícil para cualquier persona, y en la adolescencia puede sentirse como un terremoto emocional. Enfrentarse a una ruptura es una oportunidad para enseñarles herramientas de resiliencia y ayudarles a entender que el dolor es temporal y parte del crecimiento, pero si no lo haces con tacto, sentirán que están invalidando su dolor o quitando importancia a esa relación.

✦ *«Todavía me acuerdo de ese día como si fuera ayer. Llegué a casa después del instituto y sentía como si me hubieran dado una patada en el pecho. Habíamos terminado. Bueno, más bien, ella decidió terminar. Fue una conversación rápida, en un pasillo lleno de gente: "Creo que ya no siento lo mismo". Y ahí me quedé, con un nudo en la garganta intentando que nadie me viera derrumbarme.*

Al principio estaba como en shock. *Luego vino todo junto: tristeza, rabia, confusión... No entendía qué había hecho mal. Me había esforzado tanto por ser el mejor novio posible. Mandarle mensajes bonitos, estar siempre atento a lo que le gustaba... ¿Y para qué? Para que de un día para otro decidiera que ya no quería estar conmigo.*

Esa tarde me encerré en mi habitación. Puse música triste, porque sí, uno se pone a sufrir con estilo, ¿no? Pero todo dolía. Ver sus fotos en Instagram, pensar en los momentos que habíamos pasado juntos... Era como si cada cosa que veía o escuchaba me recordara que ya no estábamos juntos. Intenté distraerme jugando a videojuegos, pero ni siquiera eso me servía. Era como si nada tuviera sentido.

Mis padres notaron que algo iba mal desde el principio. Mi madre me preguntaba cosas como: "¿Te pasa algo? Te noto raro". Y yo siempre contestaba: "Nada, estoy bien". Porque, claro, ¿cómo le dices a tu madre que te sientes como si te hubieran destrozado por dentro? Encima, mi padre parecía no darse cuenta de nada. Solo me decía cosas como: "¿Por qué estás tan callado?". Y yo pensaba: "¿En serio? ¿Tan difícil es darse cuenta de que algo no va bien?".

Pero si soy sincero, había una parte de mí que quería que insistieran un poco más. Quería que me dijeran algo que no fuera "Ya se te pasará" o "Eso no es para tanto". Quería que alguien me escuchara, que me dijeran que lo que sentía era normal y que no estaba loco por estar así de mal.

Lo que más me dolió fue sentirme tan solo con todo eso. Cuando estás en una relación, sientes que tienes a alguien que te entiende, alguien que está ahí. Y de repente, ¡pum!, te quedas sin eso. Me hubiera encantado que mi madre se sentara conmigo y me dijera algo como: "Sé que no quieres hablar ahora, pero cuando estés listo, aquí estoy". Que no me diera consejos ni intentara animarme enseguida, solo que me escuchara.

Al final, la que más cerca estuvo de hacerlo fue mi madre. Una noche, estábamos viendo una serie y me puse a llorar de repente. Ella pausó el capítulo, me abrazó y me dijo: "Sabía que algo te estaba pasando. ¿Quieres contármelo?". No me presionó, no me soltó frases como "¡Ya, pero piensa en lo bueno!". Simplemente me dejó hablar. Le conté cómo me sentía y lo mucho que me dolía. Ella me dijo: "Es normal, cariño. El primer desamor duele muchísimo, pero te prometo que esto no será para siempre. Y mientras tanto, yo estoy aquí".

Con mi padre fue diferente. No es alguien que hable mucho de emociones, pero un día me llevó al partido de fútbol y, de camino a casa, dijo algo que me sorprendió: "Yo también pasé por eso a tu edad. Duele como el demonio, lo sé. Pero todo pasa. Y créeme, cuando encuentres a la persona adecuada, esto te habrá ayudado a entender mejor qué necesitas". Fue breve, pero me hizo sentir menos solo.

Ahora que ha pasado el tiempo, me doy cuenta de que lo que más me ayudó no fueron las palabras exactas, sino saber que estaban ahí. Que, aunque yo me sintiera como un desastre, mis padres estaban dispuestos a escuchar, a estar conmigo, sin minimizar lo que sentía. No intentaron arreglarlo ni darme una solución mágica. Solo estuvieron».

Identificar relaciones no saludables

En lugar de enumerar características, puedes plantear preguntas reflexivas que les ayuden a evaluar su relación por sí mismos:

- *«¿Te sientes libre de ser tú mismo en esta relación?».*
- *«¿Cómo resolvéis los desacuerdos? ¿Te sientes escuchado?».*
- *«¿Notas que hay equilibrio entre lo que das y lo que recibes?».*

Estas preguntas invitan a la introspección y les ayudan a desarrollar un criterio propio sobre lo que significa una relación saludable.

Se aprende y se cultiva con el tiempo.

Las relaciones románticas en la adolescencia son un terreno de aprendizaje emocional que, aunque pueda parecer inestable, es fundamental para el crecimiento personal de nuestros hijos. Acompañarlos desde la comprensión, la paciencia y el respeto les ayudará a construir relaciones saludables y a establecer las bases de vínculos sólidos y equilibrados en el futuro.

Cómo nos afectan las primeras relaciones románticas y sexuales de nuestros hijos a nosotros como padres

Las primeras experiencias románticas y sexuales de nuestros hijos no solo representan un cambio importante en su vida, sino también en la nuestra como padres. Estas etapas despiertan emociones que a menudo no esperamos: alegría, orgullo, pero también inseguridades, miedo o incluso nostalgia. Reconocer lo que estas experiencias remueven en nosotros es clave para poder acompañarlos desde un lugar de apoyo y respeto.

Cuando nuestros hijos inician una relación romántica, es natural que sintamos una mezcla de emociones. Por un lado, puede ser emocionante verlos explorar esta faceta de la vida, crecer emocionalmente y desarrollar vínculos significativos. Pero, por otro, estas experiencias pueden despertar miedos profundos: ¿estarán preparados para enfrentar los riesgos de una relación?, ¿sufrirán desamor?, ¿estarán tomando decisiones responsables?

A veces, también pueden activar en nosotros recuerdos de nuestras propias primeras experiencias amorosas. Quizás recordemos el entusiasmo, pero también los errores o sufrimientos que vivimos. Estas emociones, aunque a menudo inconscientes, pueden influir en nuestra manera de reaccionar frente a lo que están viviendo nuestros hijos.

Cuestionando nuestras creencias y valores

Las relaciones románticas y sexuales de nuestros hijos pueden desafiarnos a revisar nuestras propias creencias sobre el amor, la sexualidad y la crianza. Tal vez nos encontremos con que sus elecciones no coinciden con nuestras expectativas o valores, lo que puede generar incomodidad o conflicto interno.

Por ejemplo:

- ¿Qué pasa si la pareja de nuestro hijo no es como imaginábamos?
- ¿Qué ocurre si nuestros hijos adoptan actitudes hacia el amor o la sexualidad que no entendemos o compartimos?

Es importante reconocer estas emociones y reflexionar sobre ellas antes de actuar, recordando que nuestros hijos están construyendo su propia identidad y valores. Nuestros hijos nos enfrentan a nuestras sombras y heridas, y eso es una oportunidad para mirar hacia dentro y trabajar en esos aspectos que aún tenemos que resolver. No solo ellos están creciendo como personas: nosotros también.

Los miedos que se activan

Las relaciones amorosas y sexuales también despiertan temores relacionados con la seguridad y el bienestar de nuestros hijos:

- **Miedo a que sufran:** El desamor, los conflictos o el rechazo son experiencias difíciles, y como padres queremos protegerlos. Sin embargo, es crucial recordar que estas vivencias forman parte del crecimiento emocional.
- **Miedo a que tomen decisiones irresponsables:** La sexualidad, especialmente, puede ser un terreno que nos inquiete. Preocupaciones sobre embarazos no deseados, enfermedades de transmisión sexual o relaciones tóxicas pueden aparecer con fuerza.

Estos temores son naturales, pero no deben convertirse en barreras para establecer un diálogo abierto y respetuoso con ellos. Hablar desde el miedo suele generar distancia; en cambio, expresar nuestras preocupaciones con empatía y confianza puede fortalecer la relación.

Quizás uno de los aspectos más desafiantes de esta etapa sea aceptar que nuestros hijos están dejando atrás la infancia. Sus primeras relaciones románticas y sexuales nos recuerdan que ya no son los niños pequeños que solían necesitar nuestro cuidado constante. Esto puede generar un duelo interno, una sensación de pérdida de esa etapa que no volverá.

Al mismo tiempo, aceptar su crecimiento nos permite descubrir una nueva forma de relación con ellos, basada en el respeto mutuo y el acompañamiento en esta transición hacia la adultez.

Cómo gestionar nuestras emociones como padres

Es fundamental reconocer y trabajar nuestras propias emociones para poder acompañarlos desde un lugar sano y respetuoso. Algunas estrategias útiles son:

1. **Reflexiona antes de actuar:** Si algo en la relación de tu hijo te genera incomodidad o preocupación, tómate un momento para identificar qué emoción está detrás. Pregúntate: «*¿Es esto un miedo mío o una situación real que afecta a mi hijo?*».

2. **Habla con otros adultos:** Compartir tus emociones con tu pareja, un amigo o incluso un terapeuta puede ayudarte a procesar tus miedos o inseguridades sin proyectarlos directamente en tu hijo.

3. **Revisa tus expectativas:** Pregúntate si estás dejando que tus ideales sobre lo que debería ser el amor o la sexualidad influyan demasiado en cómo percibes las relaciones de tu hijo. Recuerda que es su vida, no la tuya.

4. **Conecta con tu propia adolescencia:** Reflexionar sobre tus propias experiencias amorosas y sexuales puede ayudarte a empatizar con lo que tu hijo está viviendo. ¿Qué te habría gustado escuchar de tus padres en ese momento?

Al final, las relaciones románticas y sexuales de nuestros hijos no se tratan solo de ellos, también son una oportunidad para fortalecer la relación entre padres e hijos. Cuando les damos espacio para crecer, les ofrecemos un regalo inestimable: la confianza. Y cuando somos capaces de manejar nuestras propias emociones con madurez, les mostramos cómo hacerlo también.

Como dijo la psicóloga Virginia Satir: «*La mejor herencia que podemos dejar a nuestros hijos no son riquezas materiales, sino un modelo de relación basada en el respeto y la confianza*». Cultivar esa confianza no solo les beneficiará en sus relaciones de pareja, sino en todos los vínculos que establezcan a lo largo de su vida.

SEXUALIDAD

Hablar sobre sexualidad con nuestros hijos adolescentes puede ser una tarea compleja, pero es una conversación esencial. La adolescencia es una etapa en la que la sexualidad comienza a ocupar un lugar central en su desarrollo. Como padres, nuestra labor es guiarlos con información clara, fomentar un espacio de confianza y acompañarlos mientras construyen su propia identidad sexual.

La sexualidad no se reduce únicamente al ámbito físico. También engloba componentes emocionales, psicológicos y sociales que afectan profundamente la manera en que nuestros hijos se relacionan con ellos mismos y con los demás. En palabras de la terapeuta Esther Perel: *«La calidad de nuestras relaciones determina la calidad de nuestra vida»*. Ayudarles a comprender y vivir su sexualidad de manera saludable es una de las mejores herramientas que podemos proporcionarles.

Mitos y realidades sobre la sexualidad en la adolescencia

Mito	**Realidad**
«Hablar de sexualidad con mi hijo lo animará a tener relaciones sexuales».	Las investigaciones demuestran que la educación sexual abierta y temprana retrasa el inicio de las relaciones sexuales.
«La pornografía muestra cómo son las relaciones reales».	La pornografía no representa la realidad: carece de amor, respeto, consentimiento y suele generar expectativas irreales.
«Solo los chicos tienen pensamientos sexuales».	Tanto chicos como chicas experimentan deseos y curiosidades sexuales, y esto es completamente normal.

Mito	Realidad
«Usar métodos anticonceptivos significa que ya están listos para ser padres».	Los métodos anticonceptivos son una herramienta para prevenir embarazos y ETS, no una señal de madurez emocional.
«Si no preguntan, es que no tienen dudas sobre sexualidad».	Es común que los adolescentes tengan dudas, pero sientan vergüenza o miedo de expresarlas. Invítales a hablar sin presión.

El reto de hablar sobre sexualidad

Para muchos padres, abordar este tema genera dudas y temores. ¿Cómo empiezo? ¿A qué edad debo tener esta conversación? ¿Qué digo? ¿Qué pasa si lo hago mal? Es importante recordar que no se trata de tener una «gran charla», sino de crear un diálogo continuo, adaptado a las etapas de desarrollo y las necesidades de cada hijo.

Muchos adolescentes obtienen información sobre sexualidad a través de fuentes poco fiables, como internet, redes sociales o amigos. Aunque las escuelas suelen ofrecer programas de educación sexual, estos tienden a centrarse en aspectos biológicos y preventivos, dejando de lado cuestiones emocionales, éticas y relacionales. Es aquí donde los padres jugamos un papel crucial.

«Cuando mi hijo tenía catorce años, descubrí que buscaba información sobre sexualidad en internet. En lugar de alarmarme, decidí abordar el tema con calma. Le dije: "Entiendo que tengas preguntas, y quiero que sepas que siempre puedes hablar conmigo. Lo que leas en internet no siempre es cierto, pero podemos resolver tus dudas juntos". Desde entonces, hemos tenido conversaciones abiertas que nos han acercado mucho más. Y aunque a él le daba vergüenza hablar de eso conmigo, me di cuenta de que a mí aún me daba más… ¡Parece más fácil de lo que es!».

El consentimiento es uno de los pilares de una sexualidad saludable. Enseñarles a nuestros hijos que el consentimiento debe ser claro, libre y entusiasta es una lección que trasciende las relaciones románticas o sexuales y se aplica a cualquier interacción.

Planificación familiar y métodos anticonceptivos

Hablar de planificación familiar es fundamental para que nuestros hijos puedan tomar decisiones responsables e informadas. La sexualidad implica placer y conexión, pero también conlleva responsabilidades, como prevenir embarazos no deseados y enfermedades de transmisión sexual (ETS).

Métodos anticonceptivos básicos

Es importante que los adolescentes conozcan las opciones disponibles y sepan cómo utilizarlas correctamente:

- **Preservativos:** Son el único método que protege contra ETS y embarazos. Enséñales su uso correcto y normaliza su adquisición.

- **Pastillas anticonceptivas:** Aclara que no protegen contra ETS, pero son efectivas como método preventivo.

- **Métodos de larga duración:** Como el DIU o implantes, que pueden ser opciones para adolescentes que desean evitar embarazos a largo plazo.

Cuando abordes el tema puedes decir algo como: «Hablar de anticonceptivos no significa que esté promoviendo nada, sino que quiero que estés preparado/a para cuidar de ti mismo/a y de tu pareja».

Primera visita al ginecólogo

La primera visita al ginecólogo es un paso importante para la salud sexual y reproductiva de las adolescentes. Se recomienda que acudan cuando comiencen su vida sexual o si tienen dudas sobre su desarrollo, aunque algunas organizaciones sugieren una primera visita preventiva entre los trece y quince años.

Es un momento que las chicas suelen temer. Es aconsejable que le expliques todo lo que va a suceder durante la exploración, qué puede esperar, qué le van a preguntar… Y también que le preguntes si quiere entrar sola o contigo. Piensa que en algún momento de la conversación con su ginecóloga sería interesante que las dejaras a solas, pues quizá delante de ti no se atreva a contar ciertas cosas.

Identidad sexual y orientación

Durante la adolescencia, muchos jóvenes comienzan a explorar y descubrir su orientación sexual. Este proceso puede generar dudas y emociones intensas, tanto para ellos como para nosotros como padres. Si tu hijo te confiesa que es homosexual, bisexual o está explorando su identidad de género, es fundamental que se sienta aceptado y apoyado.

**Cómo reaccionar ante una revelación
sobre orientación sexual**

- **Escucha sin prejuicios:** Agradece su confianza. Por ejemplo, puedes decir: *«Gracias por compartir esto conmigo. Quiero que sepas que te amo tal y como eres».*

- **Evita cuestionamientos innecesarios:** Preguntas como *«¿Estás seguro?»* o *«¿No será una fase?»* pueden invalidar sus sentimientos.

- **Busca información y apoyo:** Si sientes que necesitas orientación, acude a profesionales o grupos de apoyo para padres.

«Tuve un caso muy gracioso en consulta. Un paciente mío adulto me dice un día que su hija Pepa ya no quería

ser Pepa, quería ser Nelson. Tenía doce años. El hombre, comprensivo, sensato, de temperamento tranquilo, estaba un poco perplejo. No se lo esperaba para nada. Hablamos sobre sus dudas y miedos, y con el paso de las semanas me fue actualizando el proceso: Pepa se cortó el pelo, se puso ropa de chico, le compraron el uniforme del cole de chico, y empezaron a llamarle Nelson. "¡Vaya nombre hortera ha elegido!", me decía. Tenía sentido del humor y en las sesiones se relajaba y hablaba de cómo se sentía, de lo desorientado que estaba, y cómo le chocaba la situación. Pero él solo quería apoyar a su hijo y hacía todo lo posible por ello. Llevó al nene a un psicólogo especializado en estos temas y él mismo se informaba de cómo manejar la situación de la mejor manera para su hijo. Le di el alta poco después, y todo parecía ir bien en la relación con su hijo.

Seis meses después volví a ver su nombre en mi agenda. Legó a la sesión y me contó que, después de seis meses, su hijo había decidido que ya no quería ser Nelson, que volvía a ser Pepa. El hombre se reía resignado y me decía: «Pues nada, lo que la niña quiera. Yo aquí estoy. ¿Sabes qué es lo que más me fastidia? ¡Que ahora le tengo que comprar ropa de chica otra vez y el uniforme del cole!". Nos reímos juntos. Seguro que Pepa está muy orgullosa del padre que tiene, de lo paciente, respetuoso y amoroso que es».

El impacto de las redes sociales y la pornografía

En la era digital, las redes sociales y la pornografía tienen una gran influencia en cómo los adolescentes perciben la sexualidad. Muchas veces, estas fuentes generan expectativas irreales y distorsionadas.

Cómo abordar este tema:

- **Desmitificar la pornografía**: Explícales que lo que ven en estas imágenes no representa la realidad y que las relaciones reales están basadas en respeto y comunicación.

- **Fomentar un uso saludable de las redes sociales**: Anímalos a reflexionar sobre cómo las redes afectan su autoimagen y sus relaciones. Yo siempre les pregunto que si seguir a tal persona o ver ciertos contenidos los hace sentir bien o mal. Si los hace sentir mal, si les genera incomodidad o les baja la autoestima, que dejen de verlo. El control estimular es uno de los pilares de nuestro bienestar psicológico. Aprender a elegir qué contenidos e informaciones dejemos que lleguen a nosotros es fundamental.

La importancia del sentido del humor

El humor es un gran aliado en estas conversaciones. Puede aligerar la tensión y hacer que tanto tú como tu hijo os sintáis más cómodos. Por ejemplo, si notas que está nervioso, podrías decir: *«Tranquilo, no voy a darte un discurso de una hora, solo quiero que te sientas preparado para cualquier situación»*.

La sexualidad es una parte integral del desarrollo humano, y nuestras actitudes y palabras como padres tienen un impacto profundo en cómo nuestros hijos la viven. Acompañarlos en este camino no significa controlarlos, sino guiarlos para que puedan tomar decisiones informadas, responsables y en línea con sus valores.

Cada conversación, por pequeña que parezca, les transmite un mensaje claro: *«Puedes confiar en mí»*. Al crear un diálogo continuo basado en el respeto, la empatía y la confianza, les damos las herramientas necesarias para vivir su sexualidad con seguridad, responsabilidad y plenitud.

Te dejo algunos recursos que pueden servirte:

- ***Habla con ellos de sexualidad,*** Silvia Congost. Un libro práctico para padres que buscan herramientas para iniciar conversaciones sobre sexualidad y emociones con sus hijos de manera respetuosa y cercana.

- **www.amorsinviolencia.org**. Una plataforma para adolescentes que aborda temas sobre relaciones románticas saludables, prevención de violencia y el respeto en pareja.

- ***Sexualidad con sentido***. Un libro interactivo diseñado para adolescentes que aborda temas como el consentimiento, la identidad sexual y las relaciones de pareja.

- ***Las chicas son de ciencias y otras cosas que también deberían saber,*** Irene Cívico y Sergio Parra. Un enfoque divertido y educativo para adolescentes que mezcla ciencia, sexualidad e historias inspiradoras.

CAPÍTULO 8

TECNOLOGÍA Y REDES SOCIALES

IMPACTO DE LA TECNOLOGÍA

Trabajo desde hace muchos años con adolescentes, y he ido viendo la evolución a lo largo del tiempo tanto de sus características como de su salud mental. De unos años a esta parte, coincidiendo con la pandemia (pero solo en parte, pues era una progresión que ya venía al alza), el empeoramiento de la salud mental de niños y adolescentes ha sido patente. Trastornos como ansiedad o depresión se han vuelto frecuentes en esta etapa de la vida. Y cada vez veo casos a edades más tempranas. Las autolesiones, por ejemplo, antes reservadas a pacientes graves, y que veía muy esporádicamente en consulta, son el pan de cada día. Las cifras de suicidio adolescente se han disparado, pasando a ser por primera vez la primera causa de muerte en el grupo de edad de quince a diecinueve años, superando a los accidentes de tráfico.

Pero no solo en cuanto a salud mental observo cambios. También en sus valores, su carácter o sus anhelos. No se puede generalizar a todos, pero sí es una tendencia bastante común. El adolescente actual es la primera generación «nativa digital». Las redes sociales nacieron hace unos quince años, justo cuando nuestros chicos. Esto ha marcado una diferencia sustancial en muchos aspectos.

Por un lado el acceso a información a demanda, y también sin ella. Son consumidores pasivos de todo lo que los grandes *lobbies* de Silicon Valley consideran que han de poner ante sus ojos, creando una cultura digital que los padres ni atisbamos a entender. Les enseñan formas de vivir, les crean necesidades nuevas (*skin care*, ropa, joyas…) y también los exponen a contenidos adultos sin regulación ninguna: sexuales y violentos. Los *influencers* tienen una influencia en ellos mayor de lo que pensamos, pues les muestran una forma de vida que anhelan, creando esa subcultura viral que lo tiñe todo.

Ellos, inmaduros aún en su capacidad crítica y sus experiencias en la vida, engullen todo esto sin cuestionarlo, siendo a mi parecer víctimas de una sociedad cada vez más compleja.

Por otro lado, la adicción a la tecnología, especialmente el teléfono móvil y los videojuegos, es tan habitual que casi la hemos normalizado. Nuestros hijos no se despegan del teléfono ni para dormir, pendientes de los *likes* y comentarios en redes, de los mensajes de WhatsApp y de retransmitir cada segundo de su existencia.

La adicción al móvil, encuadrada dentro de las adicciones psicológicas, es tan dañina como cualquier adicción química. Sin embargo, nos cuesta ser conscientes, ya que nosotros mismos tenemos esa dependencia, aunque en menor medida. Estar pegados al teléfono o pasar horas jugando a videojuegos tienen más consecuencias de las que pensamos.

Los aísla socialmente. Tienen un mundo tan rico frente a la pantalla, diseñado precisamente para producir descargas de dopamina (cada *like*, cada mensajito…) que no sienten tanta necesidad de interactuar cara a cara. Tienen además la falsa sensación de estar «conectados», pero las relaciones virtuales no suplen el cara a cara. Veo cada vez más a menudo jóvenes con problemas de habilidades sociales o incluso fobia social, pues han perdido (o más bien no han tenido) la suficiente interacción social con sus iguales para desarrollar las competencias sociales.

Otro aspecto relevante tiene que ver con la autoestima. Enfrentados a un mundo irreal: estándares de belleza vía filtro, modelos, actrices, *influencers* (o mejor dicho *antiinfluencers*), que les transmiten unas expectativas de vida y un mundo totalmente irreal. La belleza y el lujo parecen lo normal, y nuestros adolescentes se sienten feos, insignificantes, con vidas carentes de glamur.

La relación entre el uso excesivo de la tecnología y los problemas de salud mental ha sido objeto de múltiples investigaciones recientes. Estudios publicados en revistas como *Journal of Adolescent Health* y *JAMA Pediatrics* han identificado correlaciones significativas entre el tiempo en pantalla y trastornos como la ansiedad, la depresión y el insomnio en adolescentes. Por ejemplo, una investigación de 2022 señaló que los adolescentes que pasan más de tres horas al día en redes sociales tienen un riesgo significativamente mayor de experimentar síntomas depresivos.

Además, el impacto de las redes sociales en la autoimagen es un factor crítico. Las plataformas digitales exponen a los adolescentes a estándares de belleza irreales, promoviendo comparaciones constantes que afectan negativamente su autoestima. Según datos de un estudio de 2021, el 40 % de las adolescentes reportaron sentirse menos seguras con su cuerpo después de ver contenido en redes sociales.

Por no hablar de la vulnerabilidad frente a desconocidos y la falsa impunidad que proporciona la pantalla. Hablan con desconocidos de la otra parte de mundo que pueden resultar adultos, pederastas o *sugardaddys* de cacería.

Y comparten fotos sexualizadas como si fuera lo más normal del mundo. Porque en el mundo virtual la sexualidad se ha vuelto algo banal.

Ante todo esto, los padres, desarmados, no sabemos qué hacer. Yo tengo la ventaja de enterarme de muchas no a través de mis hijos adolescentes (que tengo tres, pero como soy su madre obviamente no me lo cuentan), sino a través de mis pacientes. En el anonimato de la consulta comparten muchas cosas, y no deja de asombrarme y asustarme por igual el mundo más allá del móvil.

Neurociencia y tecnología: Impacto en el cerebro adolescente

El cerebro adolescente, en plena etapa de desarrollo, es especialmente vulnerable a los efectos del uso excesivo de pantallas.

El sistema dopaminérgico, que regula la sensación de placer, es altamente activo durante la adolescencia. Las interacciones digitales, como recibir *likes* en redes sociales o ganar en un videojuego, generan pequeñas descargas de **dopamina**, el neurotransmisor asociado al placer y la recompensa.

Este proceso puede compararse al mecanismo de otras adicciones:

- **Gratificación inmediata:** Cada interacción digital produce una recompensa inmediata, lo que refuerza el comportamiento de forma continua.
- **Tolerancia:** Con el tiempo, se necesitan estímulos más intensos (más *likes*, más tiempo de juego) para generar la misma sensación de satisfacción.
- **Síndrome de abstinencia:** La falta de acceso al móvil o la desconexión de redes sociales puede generar irritabilidad, ansiedad e incluso síntomas físicos, como ocurre en las adicciones químicas.

Estudios con neuroimagen han demostrado que el uso prolongado de pantallas puede reducir la actividad en las áreas asociadas con la empatía y las habilidades sociales. Esto explica por qué algunos adolescentes desarrollan dificultades para relacionarse en entornos cara a cara.

Pero no todo es negativo en la tecnología. También tiene sus efectos positivos:

Aspectos	Efectos positivos	Efectos negativos
Acceso a información	Permite aprender nuevas habilidades y explorar intereses.	Exposición a información no regulada o inapropiada.
Conexión social	Facilita la comunicación con amigos y familiares lejanos.	Fomenta relaciones superficiales y puede incrementar el aislamiento.
Entretenimiento	Ofrece formas creativas y recreativas de pasar el tiempo.	Puede fomentar la procrastinación y reducir el tiempo para actividades productivas.
Autoexpresión	Proporciona plataformas para mostrar creatividad e intereses.	Comparaciones constantes con estándares irreales, afectando la autoestima.

Lo importante como padres no es que neguemos el uso de la tecnología a nuestros hijos y pretendamos que vivan de espaldas a ella (lo que sería totalmente irreal), sino que les enseñemos a hacer un buen uso de ella.

USO SALUDABLE DE LA TECNOLOGÍA

Necesitamos poner orden de una manera adecuada, sin pasarnos…, porque es imposible que nuestros hijos vivan de espaldas a la tecnología (no imposible, pero complicado, y tampoco sé si bueno). El ser humano ha evolucionado siempre de la mano de la tecnología y viceversa. Desde las primeras herramientas toscas en la Edad de Piedra, la ciencia y la tecnología que hemos creado nos modelan a su vez. Y eso es una realidad, nos guste o no. No obstante, la velocidad a la que avanza la tecnología aumenta exponencialmente, sin darnos tiempo ni siquiera a conocerla, mucho menos a estudiar sus efectos o a regularla. Invade nuestras vidas y las de nuestros hijos de forma implacable, y a no ser que queramos vivir en una isla deshabitada en Polinesia, tendremos que aprender a coexistir con ella (y enseñar a nuestros hijos a hacerlo).

Algunas preguntas que como madre me he hecho, y que me hacen a menudo los papás a los que asesoro:

¿A qué edad es aconsejable que tengan móvil?

Partamos en primer lugar de que no hay una respuesta perfecta a esta pregunta. Una cosa es la edad ideal, y otra lo realista. Y también dependerá mucho de las circunstancias y valores de cada familia. No obstante, creo que por debajo de los doce años es una imprudencia darle un móvil a un niño. A los doce o trece no es que me parezca necesario pero la realidad es que casi todos sus amigos lo tienen y es difícil mantenerlos al margen. Tengamos en cuenta también que para ellos es una herramienta de socialización, y que puede interferir en su integración con los iguales si los aislamos tecnológicamente. Si me preguntas, como madre te diría: «¡¡A los dieciséis!!», pero tú, querido lector, y yo sabemos que eso es en un mundo ideal.

Esta edad también suele coincidir con las primeras salidas solos, y no nos engañemos, nos da tranquilidad poder tenerlos localizados y facilita la gestión de las salidas, recogidas, etc.

¿Es necesario poner un programa de control parental?

Sin duda, yo instalaría uno. Hay muchos, solo tienes que buscar en tu App Store alguno para tu dispositivo. Normalmente, te permiten limitar el acceso a determinadas webs y contenidos, y te permiten hacer un seguimiento de las páginas que visitan, por ejemplo. También tienen opciones para controlar el tiempo de uso, lo cual es una herramienta muy útil, pues podemos programarlo para que solo puedan usarlo durante determinadas horas. Te dejo el nombre de algunos que conozco, pero hay muchos:

1. Google Family Link

- **Descripción:** Permite gestionar las aplicaciones que usan tus hijos, establecer límites de tiempo de pantalla y bloquear dispositivos de forma remota. Además, puedes localizar el dispositivo de tu hijo.
- **Disponible en:** Android e iOS.
- **Precio:** Gratis.

2. Qustodio

- **Descripción:** Qustodio ofrece control del tiempo de pantalla, filtrado de contenido web, supervisión de redes sociales y geolocalización. Es muy intuitiva y está completamente en español.
- **Disponible en:** Android, iOS, Windows y Mac.
- **Precio:** Versión gratuita y planes *premium*.

3. Kidslox

- **Descripción:** Esta *app* permite bloquear aplicaciones, limitar el tiempo de pantalla y programar horarios. Además, puedes controlar varios dispositivos desde una sola cuenta.
- **Disponible en:** Android e iOS.
- **Precio:** Versión gratuita y de pago.

4. Norton Family

- **Descripción:** Ofrece supervisión web, bloquea contenido inapropiado y permite establecer límites de tiempo. Tiene informes detallados y está en castellano.
- **Disponible en:** Android, iOS y Windows.
- **Precio:** Versión de prueba gratuita y suscripción anual.

¿Debo poner normas o límites al uso de móvil?

¡¡Por supuesto!! De hecho, deberían ir de la mano del primer móvil. Si no lo hiciste en su momento, ¡aún estás a tiempo!

Algunas ideas que pueden servirte para poner límites al móvil y que debes transmitir a tus hijos:

- El móvil no es un derecho, es un privilegio. Y como tal, puede ser retirado si no se hace un buen uso de él o si no se merece tenerlo.

- El móvil es de los padres, no del niño o adolescente. Es de vuestra propiedad, pero le dejáis usarlo.

- El móvil viene con un «manual de buen uso» que debes acordar con tu pareja antes de transmitírselo al niño, y que sería ideal que estuviera por escrito: debéis conocer la clave de desbloqueo, podéis revisarlo cuando consideréis (hasta cierta edad, luego hablamos de eso), irá con una aplicación de control parental instalada, no se permite el uso durante las comidas, se debe dejar fuera de la habitación para estudiar o se apaga a tal hora. Son aspectos subjetivos que sería interesante dejar claros desde el principio.

- El tiempo de uso y los horarios los definís vosotros.

- Etc.

No tengáis miedo de poner límites al uso del móvil. Es una herramienta muy potente que sin control puede tener mucho perjuicio para vuestro hijo. Es mejor mantener un control sin pasarse, que dejar su uso al libre albedrío de un menor que aún no sabe gestionar su uso de forma responsable.

¿Debo revisar su móvil? ¿Hasta qué edad?

Esta es una pregunta muy frecuente. ¿Estamos vulnerando su derecho a la intimidad si revisamos su móvil? Como siempre, no hay una respuesta perfecta. Dependerá de cada familia. Yo comparto mi punto de vista contigo tras mi experiencia como madre y como psicóloga.

Creo que hasta cierta edad sí es conveniente de vez en cuanto echar un ojo y ver que no hay nada alarmante. Pero también es cierto que, a partir de los catorce o quince años, más o menos, cuando ya empiezan a tener conversaciones de índole más íntima con sus amigos, por ejemplo, revisar sus conversaciones privadas me parece inapropiado. Es un tema complejo, pero más peques, doce o trece, o incluso antes si ya tienen teléfono, me parece muy importante. Es conveniente que lo sepan, que tendremos acceso a su móvil si lo queremos revisar, para no hacerlo a sus espaldas. Y llegados a cierta edad, confiar. Una palabra que nos cuesta mucho cuando hablamos de adolescentes…, pero inevitable llegados a una edad.

Estrategias para un uso saludable de la tecnología

Ámbito	Estrategia	Ejemplo práctico
Establecer límites	Define horarios claros para el uso de dispositivos y redes sociales.	«El móvil se apaga a las 21:00 y se deja fuera del dormitorio para evitar distracciones al dormir».
Promover la desconexión	Fomenta momentos libres de tecnología en familia para reconectar.	«Los domingos por la tarde son para actividades sin pantallas: paseos, juegos de mesa o cocinar juntos».
Zonas libres de móvil	Establece áreas de la casa donde no se permitan dispositivos electrónicos para fomentar la interacción familiar y la concentración.	«Durante las comidas en la mesa y en los dormitorios no se usan móviles ni tabletas. Se puede dejar el móvil en una caja o bandeja designada en la entrada».

Ámbito	Estrategia	Ejemplo práctico
Control parental	Utiliza aplicaciones para supervisar el contenido y tiempo de uso de dispositivos.	Instalar *Google Family Link* para bloquear contenido inapropiado y limitar el tiempo de uso diario.
Educación digital	Enseña a verificar fuentes y cuestionar lo que ven en redes sociales.	Comenta publicaciones en conjunto: «¿Cómo podríamos comprobar si esta información es verdadera?».
Modelar el buen uso	Sé un ejemplo de equilibrio tecnológico como adulto.	Guarda tu móvil durante las comidas o momentos familiares y explícales por qué es importante.
Fomentar alternativas	Motiva la participación en actividades que no involucren pantallas.	Apuntarles a un deporte, clases de música o animarlos a leer libros relacionados con sus intereses.
Prevención de adicciones	Habla sobre los riesgos de la dependencia tecnológica y busca señales de alerta como aislamiento social o ansiedad al estar desconectados.	«¿Notas que te cuesta concentrarte si no tienes el móvil cerca? Hablemos sobre cómo podemos equilibrar esto».

Los videojuegos

Otro gran campo de batalla son los videojuegos. ¿Cuántas horas de uso? ¿Qué juegos? ¿A qué edad se la compro?

¡Cuanto más tarde mejor! Eso me nace decirte…, pero la realidad es que se ha convertido en un «juguete» más que cada vez les regalamos más pronto.

Al igual que con el móvil, te recomiendo que venga con unas normas de uso respecto a horarios, etc. Lo recomendable: cuanto menos mejor. Y si podemos limitar su uso al fin de semana, sería ideal. Porque, una vez se ponen a jugar, como es tan adictivo, vendrán las batallas para que apague.

Otra recomendación es dejar su uso para después de las tareas, no antes. Por ejemplo, cuando ya haya estudiado y hecho las tareas, pero no antes. Eso evita muchas discusiones innecesarias a la hora de: «¡Ya es suficiente, ponte a estudiar!».

Al respecto de los juegos, intentar que sean constructivos y educativos y no violentos. De deportes, por ejemplo, construcciones o juegos de rol adaptados a su edad son mucho menos malos que los violentos. Te puede ayudar conocer la clasificación PEGI, que identifica el tipo de videojuego; búscala en la caja del juego físico o en la tienda *online*.

Clasificaciones por edad

- **PEGI 3:** Apto para todos los públicos. Contenido sin violencia, miedo o sonidos que puedan asustar a los más pequeños. Ejemplo: juegos de puzles o carreras familiares.

- **PEGI 7:** Similar al PEGI 3, pero puede contener escenas o sonidos que puedan asustar a niños pequeños.

- **PEGI 12:** Contenido más avanzado, como violencia moderada, referencias sexuales leves o lenguaje inapropiado ligero.

- **PEGI 16:** Representa violencia o temas sexuales más realistas, así como el consumo de alcohol o tabaco.

- **PEGI 18:** Contiene violencia extrema, contenido explícito, lenguaje muy fuerte o glorificación del uso de drogas.

Las redes sociales

Las redes sociales no son solo plataformas de entretenimiento; tienen un impacto significativo en la salud emocional y social de nuestros adolescentes. Según la teoría de la comparación social de Leon Festinger, estas plataformas fomentan una constante comparación con los demás, lo que puede generar sentimientos de insuficiencia y ansiedad. Por ejemplo, un adolescente que ve constantemente imágenes de *influencers* mostrando estilos de vida ideales puede sentir que su realidad carece de valor o emoción.

Además, estudios recientes, como los de Twenge *et al.* (2017), muestran que el uso excesivo de redes está vinculado a un aumento de la ansiedad y la depresión en adolescentes. Esto se debe, en parte, a la exposición a estándares inalcanzables de belleza y éxito, y al refuerzo variable que producen los *likes* y comentarios, un mecanismo que activa el sistema de recompensa del cerebro de manera similar a las adicciones químicas.

Normas claras sobre el uso de redes sociales

Si has decidido permitir que tu hijo use redes sociales, es importante establecer reglas claras desde el principio. Por ejemplo:

- **Edad mínima:** Recuerda que la mayoría de plataformas requieren una edad mínima de trece años, pero puedes retrasar su uso según la madurez de tu hijo.

- **Supervisión inicial:** Durante los primeros meses, revisa periódicamente lo que publican y los mensajes que reciben para asegurarte de que no están expuestos a contenido inapropiado o peligros.

Actividad en familia para enseñar pensamiento crítico

Dedica tiempo a explorar juntos una red social, como TikTok o Instagram. Pregunta cosas como:

- «¿Por qué crees que esta persona publica este tipo de contenido?».

- «¿Te parece realista lo que muestra? ¿Cómo crees que es su vida fuera de las redes?».

- «¿Qué mensajes positivos o negativos encuentras aquí?». Esto fomentará un pensamiento crítico y ayudará a que tu hijo no tome todo lo que ve en redes como una representación exacta de la realidad.

- «¿Cómo te hace sentir ver este tipo de contenidos?». Valorar si le hace sentir bien o le genera emociones negativas o incomodidad es una buena manera de decidir a quién seguir o no en redes sociales.

Enseñar privacidad y seguridad

Habla con tu hijo sobre la importancia de proteger su privacidad en redes sociales. Puedes decir algo como:

- «Las redes sociales pueden ser divertidas, pero debes saber que lo que compartas estará ahí para siempre, incluso si lo borras. Antes de publicar algo, pregúntate si te gustaría que esto lo vea alguien en el futuro».

- Explícales cómo configurar sus perfiles como privados y enséñales a aceptar solo solicitudes de personas que conocen personalmente.

- Asegúrate de que comprendan los riesgos de compartir información personal, como su dirección, escuela o fotos íntimas.

Aspecto	Buenas prácticas
Edad mínima	Retrasar el uso de redes sociales hasta al menos los trece años, evaluando la madurez del adolescente.
Privacidad	Configurar perfiles privados, aceptar solo solicitudes de personas conocidas y evitar compartir datos personales.
Contenido compartido	Antes de publicar, pregúntate: «¿Cómo me sentiré si esto lo ve mi familia o futuros empleadores dentro de unos años?».

Aspecto	Buenas prácticas
Tiempo de uso	Limitar a una o dos horas diarias y establecer horarios, como evitar el uso durante las comidas o antes de dormir.
Interacciones	Ser respetuoso en los comentarios, evitar insultos o burlas, y pensar antes de responder a provocaciones.
Pensamiento crítico	Preguntarse si lo que se ve es realista y si la fuente es confiable antes de creer o compartir información.

Para que comprendan la importancia de lo que comparten, plantea ejemplos prácticos: «Imagina que compartes una foto con un comentario que parece gracioso, pero dentro de cinco años alguien lo encuentra y no entiende el contexto. Podría afectar cómo te perciben en una entrevista de trabajo o incluso con nuevos amigos. Todo lo que subimos deja una huella».

El ciberacoso

Otra de las situaciones que han facilitado las redes sociales es el ciberacoso. El acoso escolar o *bullying*, considerado una forma de maltrato entre iguales, se ha disparado y magnificado en los últimos años al contar con una herramienta nueva: las redes sociales.

Un insulto aislado en el patio del colegio podía ser presenciado por los que estaban alrededor. Una burla a través de un grupo de WhatsApp o una red social llega en minutos a cientos de personas. El daño moral se magnifica y se extiende de manera incontrolable.

Algunas de las formas en las que el *ciberbullying* se expresa:

- Compartiendo fotos para ridiculizar a otros, o exponiendo fotos privadas de índole íntima.

- Dejando de lado o aislando a alguien en los grupos de WhatsApp de clase, por ejemplo (sí, aislar o dejar de lado también se considera *bullying*).
- Publicando insultos, burlas o amenazas.
- Compartiendo detalles de la vida privada de otro.

El ciberacoso tiene un impacto significativo en la salud mental de los adolescentes. Estudios de la American Psychological Association (APA) han demostrado que las víctimas de ciberacoso tienen un mayor riesgo de desarrollar ansiedad, depresión, baja autoestima y, en casos extremos, pensamientos suicidas. Esto se debe a que el acoso digital es omnipresente: no termina cuando salen del colegio y puede ocurrir en cualquier momento, incluso en la privacidad de sus hogares. La naturaleza pública y permanente de los contenidos agrava el daño emocional.

Como padres debemos, por un lado, prevenir que nuestros hijos sean víctimas de acoso y enseñarles cómo gestionarlo si lo sufren. Y por otro, no menos importante, inculcarles un buen uso de las redes sociales para que no cometan ellos mismos acoso a otros, a veces por ningunear o quitar importancia a alguna de estas conductas.

Para ello, como siempre recomiendo mucha comunicación. Plantear estas cuestiones abiertamente, animándolos a reflexionar sobre aspectos que para nosotros tal vez puedan ser obvios, pero para ellos aún no.

Por ejemplo: todo lo que se publica deja una huella digital. Es decir, queda para siempre, incluso aunque lo borremos, flotando en la red y en manos de quien menos se imaginan. Un comentario, una foto…, aunque la borren diez minutos después, ya ha dado tiempo a que hayan hecho una captura de pantalla o la hayan reenviado. Un mensaje potente puede ser: no publiques nada que no te gustaría ver dentro de unos años.

Mesura con las palabras: o lo que es lo mismo, «no hay palabra inocua». Que no se expresen en WhatsApp o redes de una forma que no lo harían en persona. Es sorprendente el lenguaje soez, las palabrotas y los insultos que pueden llegar a verse en conversaciones entre adolescentes. Al menos a mí no deja de sorprenderme. Y cuando les pregunto si le dirían eso a esa persona en persona, la respuesta siempre es que no. Supongo que amparados por la «distancia» que proporciona la pantalla, no son conscientes de la importancia de cuidar el lenguaje y las formas.

Respecto a criticar, ridiculizar o compartir imágenes de otros: tolerancia cero. El mensaje debe ser claro. Ni siquiera como respuesta a un ataque de otros. Algo que podemos transmitirles es que, aunque el otro lo haga mal, ellos deben hacerlo bien. Es decir, defenderse de un ataque de alguien haciendo lo mismo no es correcto, simplemente te convierte en lo mismo que él. Lo adecuado es darles herramientas para defenderse diferentes: comunicarlo al profesor, hablarlo directamente con la persona o comentárnoslo a nosotros para que podamos darle ideas de cómo afrontarlo.

Señales de alerta de ciberacoso

Señales de alerta en tu hijo	Qué puedes hacer
Cambios en el estado de ánimo: tristeza, irritabilidad, aislamiento.	Habla con él para identificar si está siendo víctima de acoso y refuerza la confianza mutua.
Pérdida de interés en actividades sociales o académicas.	Consulta con el colegio para averiguar si ha habido incidentes y trabaja en equipo con ellos.
Uso excesivo o rechazo repentino de la tecnología.	Supervisa su actividad digital y limita el tiempo de uso si es necesario.
Comentarios de autocrítica o desvalorización.	Busca ayuda profesional si notas un impacto significativo en su autoestima o salud mental.

Cómo reaccionar si tu hijo sufre ciberacoso

Cuando un adolescente sufre ciberacoso, la reacción de los padres puede marcar una gran diferencia. Ejemplo de actuación:

1. **Escucha activa:** «Entiendo que esto te haga sentir mal. Estoy aquí para ayudarte».

2. **Documenta el acoso:** Haz capturas de pantalla y guarda evidencia del contenido ofensivo.

3. **Actúa:** Bloquea al acosador, reporta el contenido en la plataforma y, si es necesario, contacta con las autoridades escolares o legales.

4. **Apoyo emocional:** Haz que se sienta seguro y protegido.

Algunos términos que debes conocer...

Ghosting

Ghosting es cuando una persona deja de responder de repente y sin explicación a mensajes o llamadas, cortando toda comunicación. En el mundo adolescente, esto ocurre mucho en amistades o relaciones amorosas *online*. Puede generar confusión, ansiedad y sentimientos de rechazo en quien lo sufre.

Tu hijo puede contar que un amigo o alguien que le gustaba ha dejado de hablarle de un día para otro. Esto puede afectarle emocionalmente, y es importante que sienta que puede hablar contigo sobre cómo se siente.

Cómo ayudar:

• Explícale que el *ghosting* dice más sobre quien lo hace que sobre él o ella.

• Anímale a rodearse de personas que valoren la comunicación honesta.

- Enséñale a no depender exclusivamente de relaciones virtuales para su autoestima.

Sexting

El ***sexting*** consiste en enviar o recibir mensajes, fotos o vídeos de contenido sexual a través del móvil o redes sociales. Aunque pueda parecer una forma de explorar la sexualidad, puede tener consecuencias graves: pérdida de privacidad, acoso o extorsión (a veces conocido como **sextorsión**).

A menudo se da en el contexto de una relación amorosa, donde uno le pide al otro fotos de desnudos o eróticas, y tal vez tu hijo o hija se sienta presionado pensando que si no lo envía, perderá el interés del otro, o que va a pensar que es un mojigato.

Cómo ayudar:

- Habla abiertamente sobre los riesgos del *sexting* sin juzgar ni alarmar.

- Refuerza la idea de que su cuerpo y su intimidad merecen respeto.

- Anímale a no ceder ante presiones y a confiar en ti si alguna vez siente que está en riesgo.

- Explícale que, aunque parezca inofensivo, compartir este tipo de contenido puede tener consecuencias legales.

Grooming

El ***grooming*** es cuando un adulto se hace pasar por alguien de la misma edad o crea una relación de confianza con un menor a través de internet, con el objetivo de manipularlo y obtener imágenes o información de carácter sexual. Es una forma de abuso que suele comenzar de manera sutil y puede escalar hacia situaciones peligrosas.

¿Cómo ocurre el *grooming*?

1. **Creación de confianza:** El adulto contacta con el menor por redes sociales, videojuegos *online* o chats. Se muestra amable, interesado en sus gustos y emociones, fingiendo ser un amigo o alguien que entiende sus problemas.

2. **Manipulación emocional:** Poco a poco, el *groomer* busca obtener información personal o fotos, y puede presionar para que el menor mantenga la relación en secreto.

3. **Explotación:** Una vez que obtiene imágenes o información comprometida, el agresor puede chantajear al menor para recibir más contenido o incluso pedir encuentros en persona.

Tu hijo puede estar jugando a un videojuego *online* o en redes sociales y empezar a hablar con alguien que dice tener su misma edad. Al principio, la conversación puede parecer inocente, pero con el tiempo esa persona podría pedir fotos o hacer preguntas incómodas.

Cómo detectar señales de *grooming*:

- Tu hijo pasa mucho tiempo chateando con alguien que no conoces.

- Se muestra reservado o nervioso al usar el móvil.

- Recibe regalos o dinero sin explicación clara.

- Se aísla o evita hablar de sus relaciones *online*.

Cómo ayudar y prevenir el *grooming*:

- **Habla abiertamente sobre el tema:** Explícale que no todos en internet son quienes dicen ser. Usa ejemplos adaptados a su edad.

- **Fomenta el sentido crítico:** Anímale a no compartir fotos o datos personales con desconocidos.

- **Establece normas claras:** Controla el tiempo que pasa *online* y revisa las plataformas que utiliza.

- **Genera confianza:** Asegúrate de que sepa que puede acudir a ti si algo le hace sentir incómodo o en peligro.

- **Usa herramientas de control parental:** Ya hablamos antes de este tipo de *apps*.

El *grooming* es una de las amenazas digitales más serias, pero, con una buena comunicación y educación, puedes proteger a tu hijo y enseñarle a navegar en internet de forma segura.

No podemos vivir de espaldas a la tecnología, sería insensato e irresponsable. Es una realidad que forma parte de la vida de nuestros hijos y de la nuestra propia, pero sí podemos educar en el buen uso y mantener un control adecuado a su edad.

Aunque tu hijo siempre está pegado al teléfono, rara vez contestará a tus llamadas. Eso sí, cuando te llame debes contestar a la primera (seguro que esto te suena). Ahora hablar por teléfono no está para nada de moda, ni siquiera se llaman entre ellos. Usan los mensajes de texto y las fotos para comunicarse, así que comunícate en su mismo lenguaje y será más fácil.

Pasará mucho tiempo hablando por videollamada con sus amigos. Las relaciones virtuales sustituyen a las presenciales y para ellos es lo más normal del mundo.

Estarán en videollamadas eternas mientras se arreglan para salir, o incluso mientras estudian. Lo que nosotros antes hacíamos presencialmente (quedar para arreglarnos y maquillarnos juntas o para hacer los deberes) ha pasado al mundo virtual.

Harán *tik toks* con bailecitos sensuales y canciones subidas de tono. Y no te gustará nada. Pide que te enseñen lo que publican, aunque prepárate para que tengan varias cuentas en redes sociales y que tú solo estés en una en la que casi nunca publican nada.

¡Bienvenido al reto de educar adolescentes en la era digital!

EPÍLOGO

Llegamos al final de este libro… o tal vez al principio de algo nuevo. Porque si has leído estas páginas con el corazón abierto, si has reflexionado, llorado, sonreído y, sobre todo, si te has sentido acompañado, entonces este viaje apenas comienza. Comienza una nueva forma de mirar a tu hijo adolescente, una nueva forma de estar con él, de sostener, de soltar, de confiar.

A lo largo de este libro hemos recorrido juntos el universo complejo y fascinante de la adolescencia. Empezamos desmontando mitos, cuestionando esa idea tan extendida de que estos años son una guerra constante. Quise que el título, *Los años increíbles*, no fuera solo una provocación, sino una posibilidad real. Porque lo creo de verdad: si te implicas, si eliges ver más allá del conflicto, puedes descubrir una etapa llena de conexión, descubrimiento y crecimiento mutuo.

Hablamos de los adolescentes de alta demanda: esos chicos y chicas intensos, sensibles, impacientes, profundos, que muchas veces nos agotan… pero también nos enseñan. Aprendimos a reconocer sus características, a diferenciarlas de los simples «problemas de conducta», y a ver el tesoro que hay detrás de tanto fuego interior.

Después nos adentramos en los cambios del desarrollo: físicos, emocionales y cognitivos. Comprendimos que el cerebro adolescente está en plena construcción, que no siempre pueden autorregularse, y que detrás de muchas de sus conductas hay una biología que pide tiempo, paciencia y presencia adulta.

Exploramos el vínculo de apego en esta etapa, y cómo construir un apego seguro con nuestros hijos, incluso cuando parecen no necesitarnos. Hablamos de estrategias concretas: cómo comunicarnos mejor, cómo poner límites sin perder el vínculo, cómo resolver los inevitables conflictos sin dañar la relación.

Dedicamos capítulos enteros al desarrollo emocional: a cómo fomentar la autonomía, gestionar la ansiedad, acompañar la autoestima. Y también al propósito de vida, a la importancia de que nuestros hijos descubran quiénes son y qué les mueve, porque sabemos que tener una brújula interna puede marcar la diferencia entre una adolescencia perdida y una con sentido.

Después miramos hacia las relaciones: con amigos, con nosotros como familia, con sus primeras parejas. Abordamos la sexualidad desde un enfoque abierto, respetuoso y sin tabúes, porque sabemos que la forma en que hablamos de estos temas deja huella.

Y cómo no, nos adentramos en el gran reto de esta generación: la tecnología y las redes sociales. Reflexionamos sobre su impacto, sobre el bombardeo de estímulos, sobre la presión estética y la exposición constante. Y ofrecimos estrategias concretas para acompañarlos en ese entorno que no podemos eliminar, pero sí aprender a navegar juntos.

También hablamos de drogas, de alcohol, de salidas nocturnas. No desde el miedo o la prohibición, sino desde el vínculo, desde la educación emocional, desde ese lugar donde nuestros hijos sienten que pueden acudir a nosotros sin miedo, incluso cuando se equivoquen.

Este libro no pretendía darte todas las respuestas. Porque la adolescencia, como la vida, no se puede controlar. Pero sí quería darte compañía, comprensión, herramientas. Quería tenderte la mano y recordarte que no estás solo, que no eres el único padre o madre que a veces se siente desbordado, perdido o cansado. Que criar duele, pero también transforma.

Ojalá estas páginas te hayan ayudado a mirar con más compasión —a tu hijo, pero también a ti. A entender que no hay adolescencia perfecta, ni padres perfectos, pero sí muchas oportunidades de amar mejor, de escuchar más, de estar presentes desde el amor, no desde el control.

Gracias por leerme. Gracias por tu valentía, por implicarte, por no rendirte. Porque al final, eso es lo que más necesita tu hijo: un adulto que esté dispuesto a seguir caminando a su lado. Pase lo que pase. Siempre.

Estos pueden ser, de verdad, *los años más increíbles de vuestra vida*.

Otros títulos de la autora

Úrsula Perona

HIJOS DE ALTA DEMANDA

Un libro que te ayudará a entender a tu hijo y te dará estrategias para que puedas disfrutar el maravilloso regalo que es tener un niño de alta demanda.

toromítico

La obra fundamental que te ayudará a conocer el Niño Altamente Sensible y entender sus necesidades.

NAS
NIÑOS ALTAMENTE SENSIBLES

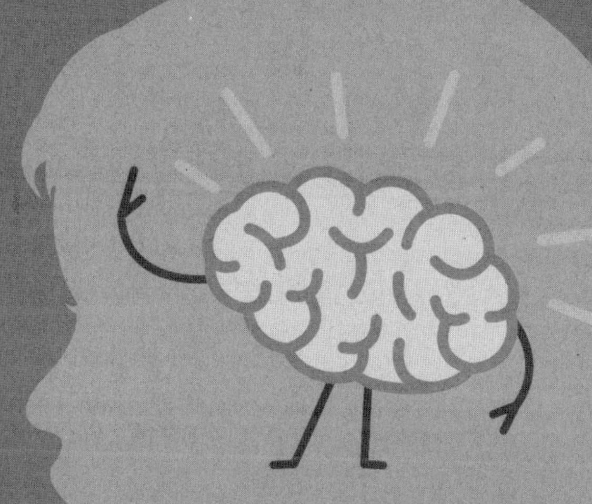

Úrsula Perona

TOROMÍTICO

Descubre los pilares para educar a tus hijos desde la consciencia y el respeto a su desarrollo.

9 REGLAS PARA UNA EDUCACIÓN CONSCIENTE

(COORD.)

ÚRSULA PERONA

RAFA GUERRERO · SILVIA ÁLAVA SORDO · LEO FARACHE · BEGOÑA IBARROLA · MARINA MARROQUÍ · DIANA JIMÉNEZ · PEDRO GARCÍA AGUADO · GABRIEL GARCÍA DE ORO

TOROMÍTICO